JN296241

高齢者理解の臨床心理学

宮原英種 ◉監修　稲谷ふみ枝 ◉著
Hidekazu Miyahara / Fumie Inatani

ナカニシヤ出版

もくじ

1 高齢社会とライフサイクル……………………… 6
　長寿社会とライフサイクル　6
　高齢社会　7
　ライフサイクルの変化とその課題　8
　生涯発達的アプローチ　9
　老年期の発達課題　10
　新しい時代の発達課題　11

　　　コラム　ライフサイクル―シェシティン・ルドベリ83歳の軌跡　12
　　　コラム　人生の4つのステージ―「第三齢代」　13

2 老化はどのようにして起こるか………………… 16
　老化とは　16
　身体・生理機能の低下　17
　感覚・運動機能の変化　19

　　　コラム　老化の身体的・生理的側面　22

　　　国家試験問題　21

3 高齢者の知能と記憶……………………………… 24
　高齢者の知的能力　24
　知能とはなにか？　25
　加齢と知能　26
　高齢者の「知恵」　27
　記憶のしくみと分類　28
　老化と記憶力の低下　29

　　　コラム　「流動性知能」と「結晶性知能」　27
　　　コラム　高齢者と無知の知　30

　　　国家試験問題　30

4 高齢者のパーソナリティ……………………… 32
パーソナリティとは　32
高齢者のイメージ　33
高齢者特有のパーソナリティはあるか　33
パーソナリティの生涯発達と適応　35

　コラム　エリクソンの「生涯発達課題」　35

　　国家試験問題　37

5 老年期の精神障害—器質性精神障害…………… 40
老年期の精神障害　40
アルツハイマー型痴呆　40
脳血管性痴呆　41
認知症とそのプロセス　41
認知症状のある高齢者の心理的特徴　42

　コラム　老年認知症（痴呆）者のケア　42

　　国家試験問題　45

6 老年期の精神障害—機能性精神障害…………… 48
老年期うつ病　48
うつ状態の高齢者への対応　49
せん妄　50
老年期神経症　52

　コラム　認知症とせん妄　50

　　国家試験問題　52

7 高齢者の心理検査……………………………… 54
心理アセスメントとは　54
心理検査の目的と方法　54
認知症（痴呆）スクリーニングテスト　55
パーソナリティテスト　57
心理検査における留意点　61

　コラム　高齢者を対象とした心理検査　59
　コラム　スウェーデンの老人専門病院—ADL評価　60

　　国家試験問題　62

8 高齢者の個人的適応……………………………… 64
サクセスフル・エイジングとは　64
高齢者のQOL「生活の質」と主観的幸福感　65
高齢者の主観的幸福感の意味と測定　65
高齢者の生きがい　68

コラム　自立への意志──自宅リハビリに必要な査定　70

9 高齢者の社会的適応……………………………… 72
価値観の変化　72
仕事と定年　73
余暇活動と生活満足度との関係　74
生涯学習の動機づけ　75
オーストラリアU3A　75
老人大学とU3A　76

コラム　祖先崇拝とユイマール，マチヤグワー　77

10 高齢者の家族関係……………………………… 80
家族のイメージ　80
家族の変化　81
老年期の夫婦関係　82
老親と成人した子の関係　84
祖父母と孫の関係　85

コラム　じじバカ，ばあばバカ　87
コラム　沖縄の高齢者──おじい，おばあ，孫　88

11 高齢者のストレス……………………………… 90
人生とストレス　90
老年期のストレス　91
ソーシャルサポートと心理的適応　92
病院や施設におけるソーシャルサポート　93
病院や施設利用者のストレス対処行動　96

コラム　コンボイ　94

12 高齢者の心理療法……………………………… 98
心理療法がなぜ大切か　98
回想法　99

音楽療法　101
芸術療法　102
今後の課題　103

  コラム　認知症の人とのコミュニケーション法—「バリデーション」　104

  国家試験問題　105

13 高齢者へのカウンセリング……………………………108
福祉・医療とカウンセリング　108
カウンセリングの基本　108
受容的交流　109
介護の場におけるカウンセリング　110
クライエントの心理　112

  コラム　スウェーデンの老人医療で働く臨床心理士　116

14 高齢者福祉と心のケア……………………………118
介護の社会化　118
老人保健施設と特別養護老人ホーム　119
グループホームとユニットケア　120
家族への心理的支援　120
介護施設や病院における利用者の家族への支援　122
専門職のバーンアウト　122
ターミナルケア　123

  コラム　喪のしごと　124

15 世界の長寿国と福祉……………………………126
WHOと健康寿命　126
スウェーデン　127
オーストラリア　129
長寿県・沖縄　131

  コラム　入りたい施設をつくりたい—日本の現状　132

国家試験問題正解　134
あとがき　135
索　引　137

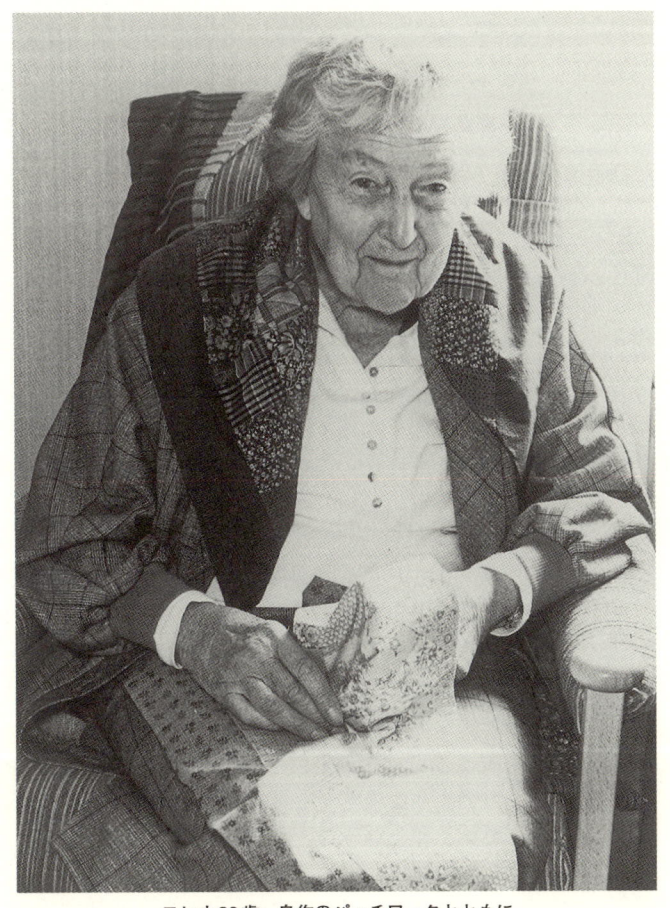

エレナ90歳　自作のパッチワークとともに

1

高齢社会とライフサイクル

長寿社会とライフサイクル

　人生80年の時代を迎え，その時代を生きる人たちのライフスタイルも大きく変化してきました。現在，日本人の平均寿命（総務省，2002）は，男77.64歳，女84.62歳で，男女の平均寿命でも82歳を超え，日本は世界の中でも一番の長寿国となっています。

　世界保健機関（WHO）においても，かつては，疾病の克服をその目標とし，健康の指標もその国の死亡率や罹病率でとらえていました。しかし，1950年代以降，平均寿命の飛躍的増大にともない，その方向を大きく転換し，それ以降，伸びた命を「いかによく生きるか」ということが重要なテーマとなり，「QOL（Quality of Life: 生活の質）」を問う時代となったのです。

　21世紀は，「福祉」の世紀であるといわれます。この「福祉」とは，まさしく，「しあわせに生きる」，そこに生きる人の「生命・生活・人生の質」を問題にするものです。よって21世紀は「福祉高齢社会」であると考えることができます。

　それでは，21世紀の「福祉高齢社会」といわれるもののなかには，どんな問題があるでしょうか。そこには，2つの重要なテーマがあると考えられます。1つは，健康で自立した高齢者が社会のなかでどのような生き方を選択し，そこにどのような生きる意味を見出していくかということです。もう1つは，超高齢社会にみられる，老年期，とくに老年後期に疾病を抱えて生きる高齢者に対してどのような質の高い医療，保健，福祉からの支援をおこなうかということです。さらに，疾病とともに生きる高齢者も，健康で自立した人た

Key word

QOL
福祉高齢社会

ちと同じように，質の高い生き方が選択できる社会をどのように構築するかが重要な課題であると考えられます。

　この章では，世界でもっとも速い速度で高齢社会に到達したわが国において，平均寿命の飛躍的な伸びがそこで生きる人間のライフサイクルにどのような変化をもたらしたかを述べることにします。このような社会的変化を背景として，心理学においては，人間の一生を通してその発達を追う「生涯発達的アプローチ」が注目されるようになり，長寿化との関連で高齢期における発達課題が模索され，理論化されるようになってきました。

　ここでは，生涯発達的アプローチに関連し，そのあとの老年期の研究に大きな影響を与えた，エリクソン（E. H. Erikson, 1982）らの発達課題とバルテス（P. B. Baltes, 1980）らが提唱した生涯発達のモデルをあげ，さらにこれからの新しい時代の発達課題について述べることにします。

高齢社会

　国連の定義によると，65歳以上の人たちが全人口の7％を占めるようになると，「高齢化社会」となります。それが14％以上になると「化」がとれて「高齢社会」となります。日本は，急激に人口の高齢化が進み，1970年に「高齢化社会」になってから，1995年にはその人口比率が14.5％に達し，わずか25年という世界でも類をみない短い期間で「高齢社会」に突入していったのです。ちなみに，フランスが高齢化社会から高齢社会に移行するまでには125年，スウェーデンでも85年かかっています。さらに，わが国の65歳以上の人口の比率は，2025年には27％になることが予測されています。

　このようにわが国において平均寿命が飛躍的に伸びてきた要因として，医学の進歩，栄養状態や衛生環境などの改善があげられます。これらの要因が，わが国の乳幼児や青年の結核死および成人病を減少させ，さらに老年期の死亡率を低下させたことが，平均寿命の上昇を導いたのです。また，わが国においては，高齢化が進む一方で出生率（人口1,000人に対する1年間の生産児数の割合）が低下し，現在の出生率（1.36）は，今後さらに低下するとみられ，少子高齢化の現象は，これからさらに顕著になると推定されます。

　老年期の区分については，以前は，老年期というと60歳以上の人たちを指したのですが，健康で現役を維持する高齢者が多くなったことにより，現在はその区分も65歳以上が一般的となり，ニューガーテン（B. Neugarten, 1970）の提唱した，65-74歳を老年前期，75-84歳を老年後期，85歳以上を超高齢期と区分するようになってきました。また，宮原ら（2001）は，高齢期を「齢代」の概念でとらえ，年齢の区分に関係なく，職を退いてから依存と介護の時代である「第四齢代」を迎えるまでの期間を「第三齢代」と定義し，ライフスタイルにそった区分をおこなっています。いずれにせよ，2002年には，超高齢期を生きる100歳老人が国内で1万5000人を超え，これまで予想しなかった長い老年期が，わたくしたちの生

Key word

高齢社会
老年期の区分
超高齢期

き方にも影響を与えることになったのです。

Key word

ライフサイクルの変化

ライフサイクルの変化とその課題

　平均寿命の飛躍的な伸びは，その社会で生きる人たちのライフサイクル（人生の過程）にも大きな変化をおよぼすようになってきました。それでは，ライフサイクルの変化にともなって，そこにどんな課題や問題が存在するのでしょうか。

1) パートナーシップ（伴侶性）の重要性：子どもが家を出てから15年～18年を夫婦2人で暮らすようになる。熟年離婚の増加にみられるように，成人期から老年期の夫婦関係において妻の側が強い不満をもつことが示されている（10章）。パートナーシップは老年期になってからつくれるものではなく，それ以前から2人で育むものであり，それは，老年期を充実したものとするための重要な課題である。

2) 定年後のアイデンティティの再構築：男性では定年後（60歳）の期間が平均しておよそ17年あることになり，会社を退職し次の人生に入るなかでアイデンティティ喪失と獲得という課題が存在する（8章，9章参照）。

3) 出生期の遅延と出生数の減少：女性では，初婚の年齢が上昇して，27.9歳（厚生労働省，1999）で結婚し，長子を出産して30歳頃までに平均2人の子どもを出産する。1955年では，25歳で第1子を出産，第5子を36歳頃産み終えていた。日本では，婚姻した夫婦が子どもをもつ割合はそれほど低下しておらず，中年期の女性の課題として，子どもを産むか，産まないかではなく，子育てと仕事をどのように両立していくかが課題となり，夫婦や家族の支援や社会における子育て環境が整うことが必要である。

4) 成人後期の「空の巣」の意味：末子が家を出てからの子離れの時期を指して「空の巣」といわれる。「空の巣」とは，この時期，更年期にもあたる中年女性にとって母親役割から解放され，心にぽっかりとした空洞が生じ，

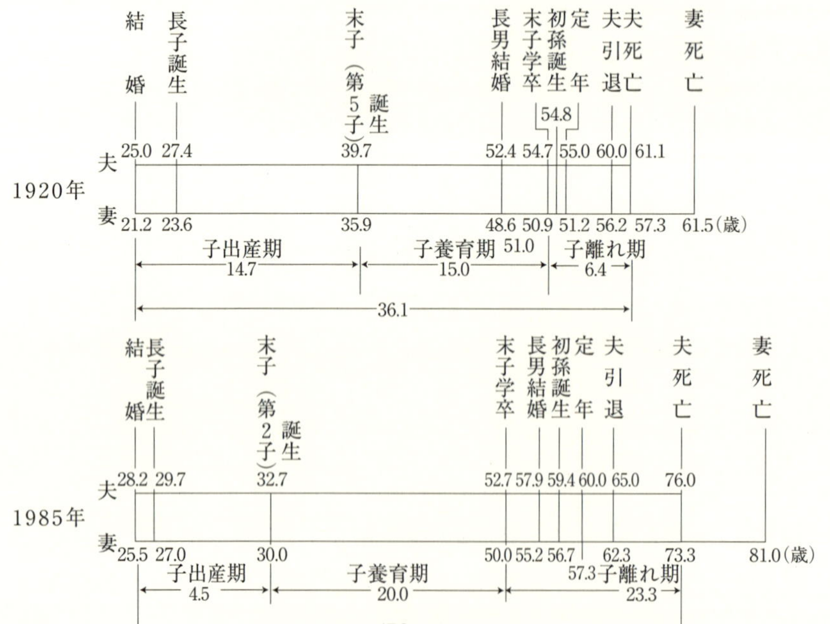

図1-1　戦前, 戦後のライフサイクルの変化（人口問題審議会他, 1988）

空しさを感じるという心理的危機を指す。しかし、最近は多くの心理的に健康な女性にとってはそれは否定的なイベントではなく、子どもの自立を契機として自分の生き方を考えるという、むしろ新しい可能性の始まりと受けとめられている。母親役割からの解放や時間的余裕は、学習や仕事などの家庭外活動に向かわせ、長い老年期を生きるうえでのスムーズな適応に結びついている。60歳代で定年を迎える男性に比較して、早くから人生の意味を問い直すきっかけとなり、女性は早くから自己を問い直し、地域や社会にとけこんでいると報告されている。

5) 寡婦の期間（配偶者の死）：高齢女性は夫や友人が死亡するという喪失の危機を迎える。さらに夫を亡くしてから、一人暮らし、もしくは、子どもと同居する寡婦の期間が約7年以上存在する。そのなかで自立が困難になった高齢女性は、施設への入居などによって起こる人生最後の時期に新しい大きな適応が求められる。最近の研究では、老年後期になっても、女性高齢者は、家族や友人、さらには、近隣社会と多様なサポートネットワークを維持し、配偶者に死なれた男性高齢者に比べて、適応的であると報告されている（11章参照）。

また、とくに女性のライフコースは、男性に比べて、子育て期間の変化や社会進出などを背景に、さまざまなかたちで多様化していることが明らかにされています。

生涯発達的アプローチ

このような、長寿化、生き方の多様化、家族の変化といった社会的要因は、個人や家族のライフサイクルを変化させてきました。とくに老年期が長期化してきたことから、人生の後半期からの人間の発達が注目され、それまでの老年期の生物学的な衰退のイメージが見直されるようになりました。つまり、人が生まれてから死に至る過程の発達をみるという生涯発達的アプローチの視点が取り入れられるようになったのです。

具体的には、人間の知的機能や人格、人生の満足度や心理的適応といった側面が、生涯を通してどのように変化していくのかの実証的な研究がおこなわれるようになってきました。そこから得られた知見は、老年期の発達は衰退か低下であるというこれまでの認識とは異なるものでした。これらについては、2章以降で述べることにしますが、その実証的研究は1970年代後半以降、欧米において多くの研究がおこなわれ、その成果はビレンやシャイエたちによってハンドブックとしてまとめられています。また、成人期・老年期の研究の重要な理論として、バルテスら（1980）の生涯発達のモデルがあります。バルテスらは、生涯発達の枠組として、1) 多次元性、2) 多方向性、3) 個人内の可塑性、4) 個人差の4つをあげています。

さらに、バルテスらは人間の発達について、その人とその人をと

Key word

生涯発達

りまく環境との関連を3つの要因から分析しています。その1つは，年齢的要因です。生涯発達におよぼす影響として，年齢は出生時を頂点として乳幼児期においてもっとも大きく，その後低下し，成人期以降再び大きな影響力をもつようになります。2つめは，その人がある特定の時代（コホート）において経験する歴史的体験，たとえば，戦争やインフレなどの影響です。その影響は，青年期から成人前期にかけてもっとも大きくなります。3つめは，その人特有の人生経験や出来事，たとえば，転職，転居，病気などが相互に影響しあって人の発達に影響を与えていくというものです。この個人の人生経験や出来事は，年を取るにしたがって次第に大きくなり，老年期で最大となります。

バルテスらのこの3つの要因に基づく生涯発達における研究は，そのあとの成人・老年期研究の発展に大きく寄与することになったのです。

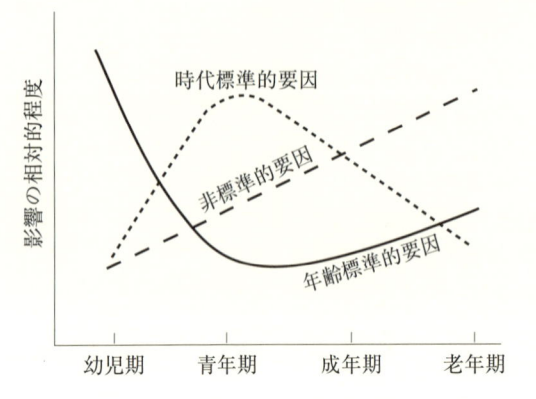

図1-2　各要因が発達に影響を及ぼす程度（モデル）　（Baltesら，1980）

Key word

発達課題

老年期の発達課題

寿命が大幅に伸び，その老年期を充実したものとするためには，老いに適応し，老年期に起こるさまざまな課題を解決していかなければなりません。このことから，人生の各段階に起こると考えられる発達課題が，1950年以降，ハビィガースト（R. J. Havighurst, 1969）やエリクソンらによって提起されてきました。

それでは，そのなかで老年期の発達課題としてはどのようなことがあげられるでしょうか。

まず，発達課題の概念を初めて提起したといわれるハビィガースト（1969）によれば，老年期の課題として，1）身体的衰えおよび健康の低下への適応，2）退職に対する適応，3）配偶者の死への受容，4）同年齢の人々との良好な人間関係，5）柔軟な姿勢で社会的役割の変化を受容し適応する，ことなどがあげられています。

老年期は，身体的健康の低下，退職による収入の減少や社会的役割からの離脱，配偶者との死別などを経験する時期であることから，その新しい段階に適応することがその課題であるといえます。

また，ペック（R. C. Peck, 1968）も，老年期の発達的危機として，1）引退の危機，2）身体的健康の危機，3）死の危機をあげています。ハビィガースト，さらには，次に述べるエリクソンも，生涯発達を「成熟」「社会への関与」「個人の意欲や心理的側面」という相互の関わりから言及しています。

エリクソン（1959，1982）は，人の生涯をライフサイクルに沿って8つの発達段階に区分し，それらの各段階における自我発達課題とその危機について述べています。エリクソンによれば，自我は生涯を通じて発達し，最後の段階である老年期の発達課題と危機は，

「自我の統合」対「絶望」であるというのです。エリクソンのいう「統合」とは，自分の人生という事実を受け入れ，死に対してそれほどの恐怖をもたずに立ち向かうことの能力を意味しています。さらに，「統合」に到達したときに，「英知」という徳が生まれるというのです。それに対して，自分の過去や自己の受容に至らない場合，死を目前にして過去への後悔の気持ちやどうしようもない「絶望」の淵に追い込まれ，失意のうちに終わりのときを迎えるといいます。老年期に「統合」の感覚を確立するためには，積極的価値をもって人生を評価する「内省」を経ることが必要であるといいます（ニューマンら，1988）。高齢者が「統合」を経験するためには，生涯を通しての葛藤や失望を自分のなかに取り入れ，それを受容していくというきわめて困難な過程があるのです。実際は，多くの高齢者が，「統合」に至るか，もしくは「絶望」に陥るというより，「統合」と「絶望」のはざまで，個々の状況のなかで自分の過去を見つめ，人生に意義を見出そうとしているのだと思います。

わが国でも，守屋（1995）が，老年期の危機として寝たきりになることや呆けるといわれることに対して，自我発達の面から「老年期の本当の怖さは，それまでの人生の真価が問われる点にある」といっています。老年期の課題とは，いうなれば人生の頂点に至る重要なテーマなのです。そして，このように葛藤に立ち向かい，死に向かう人生の先を歩く人たちの姿から，次世代のわたくしたちは多くのことを学ばなければならないのです。

新しい時代の発達課題

ライフサイクルの変化にも現れているように，すでに21世紀に生きる人びとの人生の選択は多様化しています。かつては負のライフイベントであった「空の巣」や「退職」という人生移行にともなう事柄も，人生の真ん中を過ぎて，これからさらに人生を充実させていくための節目としてとらえ直されてきました。そして，最近の老年期を生きる人びとの姿は，自分が高齢であることを気にせず，活動性を維持し，社会に積極的に関わっています。このような高齢者の姿は，現役を引退して隠居する，死の危機に瀕するというこれまでのイメージにあてはまらないものです。このような暦年齢にとらわれない，エイジレスの人びとの増加にともない，新しい老年期の発達課題を提起する必要があります。また，今後は長寿化によって伸びた老年期をひとくくりにせずに，老年前期，老年後期，超高齢期ごとの発達課題を模索することも重要になってくるでしょう。

21世紀の高齢社会の課題として，「自立」がキィワードとしてあげられます。この自立とは，WHOでは，「生活機能の自立で健康を判断する」と提唱されています。一方，最近の社会老年学の領域では，老年期における"自立した生き方"とは，義務的労務や伝統的性役割から解放された自由な生き方であり，孤独や不安もともなうが，それでも高齢者自身が能動的で自律的に自分の生き方を選び取るというものです。このような新しい老年期の発達課題の実現のた

Key word

エリクソンンの8つの発達段階
統合 vs 絶望
自立

めには，同時に高齢者の自立した生活を守るための，必要な支援の提供や個人の尊厳を最後までまもるような社会のシステムをさらに整備していくことが必要でしょう。

以上のような老年期の発達課題をより深く理解するためには，加齢の影響を身体的，心理的，社会的側面から総合的に検討し，把握する必要があると考えます。2章からは，これらの側面についてみていきましょう。

コラム　ライフサイクル―シェシティン・ルドベリ83歳の軌跡

シェシティン・マリア・ルドベリ（Kerstin Maria Rydberg）は，スウェーデンの首都，ストックホルムから80キロの閑静な街ストリンギネスに住む，83歳の女性です。

2002年の8月にスウェーデンに訪問した際，彼女を知る機会があり，自宅に伺い話を聞くことになりました。彼女は，3階建てのバルコニーのついた2LDKのアパートに，一人で住んでいました。同じアパートにもう40年間住んでおり，以前は母親と住み，母親が亡くなられるまでの数年間は介護をして，その後は一人暮らしを続けています。

シェシティンさんは，大柄で，彼女のスウェーデン語はとても明瞭です。やはり，小学校の先生であったからでしょうか，ことばだけではなく，好奇心にあふれた社交的な性格にみえます。友人に電話をかけるときは，「こちら，シェシティン・マリア・ルドベリ，ストリンギネス，○番地，電話は478-8787です」と，ていねいに，またとても早口で話します。そして，出来事については「1960年の8月にどこどこで，何をおこなった」など，日付や場所を非常に正確に話します。シェシティンさんの居間にはピアノが置かれ，「ニルスの不思議な旅」のニルスの人形がシャンデリアからぶらさげてあり，大きな篭にはたくさんの児童書が積んでありました。近所の子どもが遊びにきたとき，読んであげるためのものです。

彼女は，独身で，1919年にウップランド（Uppland）県の農家に生まれました。女学校を出てから小学校教員の養成課程に3年学び，定年を迎えるまで小学校の先生をしていました。若いときから，スウェーデン教会の敬虔な信者であり，教会の活動を熱心にしていました。彼女は「わたくしは神と教会に人生を捧げてきたので，一度も結婚したことはなかった」といいます。また，いつも自分の住んでいる地域から世界の出来事に関心をもち，新聞や本を読み，それらをファイルして知識として蓄えています。これまで，バルトの国々の先生同士で手紙のやりとりをし，また，社会情勢の変化に敏感で，ロシアやエストニアなどに教会の活動を通して支援をしてきました。教会の活動を通じての友だちのほかにも，地域のネットワークのなかで活動しています。彼女は，とくに音楽やダンスが好きで，楽しみを共有する友人も多いようです。

そんな彼女も，3年前，甲状腺の癌を発症し，手術をしました。その1年後には，脳梗塞になりました。その晩，なにか自分の体に異変を感じたので，エスキストーナ市の同僚だった友人に電話をかけ助けを求めたそうです。「すぐにおかしいと思って，友人のことばに従い，病院に行ったのよ」，病状は軽く，その後の回復も早かったといいます。自宅でリハビリをするため，コミューン（市）の支援，ホームヘルパーに週に2回きてもらい，用事をしてもらっていましたが，それほど満足はしていなかったといいます。「だって，わたしの望むこと，たとえば，ベッドルームではなくて，居間の掃除をしてほしいのに，ヘルパーのスケジュールに入ってい

ないというのよ。融通がきかなくて……」といいます。コミューンには，必要な支援を受けるため，相談したそうです。「でも，それで早く元気になって，自分でやらなくてはと思いはじめました」といいます。彼女は，現在の銀行の決済，買い物，図書館，教会の活動など，一週間のスケジュールは，自分がたて，自分のペースで規則的に毎日をおくっています。彼女の住まいから，町の中心までは近く，歩いていける距離です。

　教会の活動を中心に友人のネットワークを若いときから築いているシェスティンの生き方は，スウェーデンの高齢女性に比較的よくみられるものです。では，多くのことを友人や教会の人びとに依存しているかというと，そうではなく，基本的に生活は自立して，自分の時間を大切にしています。個の生き方が確立しているスウェーデンでは，病気になり，活動性が低下したときでも，自分がどのように生活したいのかをはっきりと示し，必要な支援を選択することが求められるようです。

　癌になり，その1年後に脳梗塞を発病しても，彼女は適切な友人のサポートを得て，必要なヘルプをコミューンから引き出しています。生涯，独身をとおして，教会の活動に関わり続けたシェスティンさんは，エリクソンのいう「生殖性」を発揮して，今も子どもたちと交流しています。教会や自宅で子どもたちと本を一緒に読み，それが「一番の楽しみ」という様子が深く印象に残りました。

コラム　人生の4つのステージ─「第三齢代」

　社会学者のB.ニューガーテン（1970）は，老年期を，社会的・精神的欲求の違いから，2つに分けて考えることを提唱しました。彼女は，55歳から74歳までを前期高齢者（young-old），75歳以上を後期高齢者（old-old）と呼んでいます。

　また，わが国でも宮原・宮原（1996）が，長寿社会を生きる人びとの幸福を考えるための指標として，そのライフスタイルに合わせて人の一生を4つの「齢代」で区分し，老年期を「第三齢代」と「第四齢代」であらわしています。

　「第一齢代」とは，人が生まれてから成長するまでの時期です。これまでの心理学の区分でいえば，乳児期から青年期に至る時期です。この時期は，この世に生まれた人間が，その社会に生きていくための能力や社会性を獲得する，学習の時期であるといえるものです。「第二齢代」は，人が仕事に就き，結婚し，家庭をもち，子どもを育て，家計を支え，定年を迎えるか，仕事を退くまでの時期です。おそらく，一生のうちでもっとも責任をともなう成熟した時代です。

　しかし，人間の平均寿命の伸びとともに，そのあとの人生の終期である依存と介護の「第四齢代」を迎えるまでの間に膨大な時間が残されることになりました。

　それまでの社会的責任から解放されたあとの20年，さらには30年におよぶ時間をどう生きるかが重要な問題となったのです。壮健で，健康で，生き生きと生きる，長寿社会がもたらしたその時代が，いわゆる，「第三齢代」といわれるものです。したがって，「齢代」という考えは，長寿社会を迎えたいま，「第三齢代」の概念を中心に生まれたものであるといえましょう。

　それでは，人間の一生を「齢代」の概念によって区分することによってどんなメリットがあるのでしょうか。
　宮原らは，その特徴として次のことをあげています。

　人の一生を区分して考えるこれまでの発達心理学では，出生から6歳までは乳幼児期，そのあと，11歳までは児童期といったように年齢で一生を区分してきました。しかし，「齢代」による発達区分は，人のライフスタイル，すなわち，人生の有り様によって決まるものです。たとえば，60歳で定年退職し，仕事を退けば，その人はそれからが「第三齢代」です。もしかりにその人が65歳まで現役として働いていたとすれば，その人はそれ以降が「第三齢代」となります。

　このことから，「齢代」という概念は，年齢によって他動的に決定されないので，とくに「第三齢代」においては，「自分はいま第三齢代を生きているんだ」という意志が重要になってきます。「自分はいま第三齢代を生きているんだ」という明確な意志をもってこそ，その時代を生きる力も生まれてくるのです。その意志をもってこそ，人の「しあわせ」も生まれてくるのです。

　第三に，「齢代」という概念は，「一」「二」「三」「四」というニュトラルな数字で人間の一生を区分します。「高齢」とか「老齢」とかいったその時期を特徴づけるようなことばではあらわしません。というのは，「高齢」とか「老齢」ということばは，きわめて負のイメージをもつことが多いのです。たとえば，本文でも述べ

ているように「高齢者」ということばを刺激語として若者に与え，そこから連想される反応語を無記名で書いてもらうと，きわめて負のイメージでとらえられていることがわかります。若者のこんなイメージ，認識では，これからの豊かな「高齢社会」を築きあげることはできません。しかし，「一」「二」「三」「四」というのは，「一」が一つ増えれば「二」，「二」の次は「三」ということ以外には，特別の意味はありません。「第三齢代」という概念は，「二」が一つ増えただけのものです。その意味で，「二」と「三」は，同一次元上，同一平面上の概念なのです。「第三齢代」の高齢者は，これからの「高齢社会」においては，なにも特別な存在ではありません。「齢代」という概念は，すべての「齢代」を概念的にも，実際的にも同一平面上におくことによって人間の一生を平等の概念でとらえようとして生まれたものです。

　最後に，「齢代」という概念を用いることで，「高齢社会」のもつ特徴が明確になることです。すなわち，「高齢社会」は，「第三齢代」と「第四齢代」から成り立っているということです。「第三齢代」というのは，壮健で，元気に暮らす時期です。しかし，それも，やがて依存と介護の「第四齢代」となります。このことから，「高齢社会」のもつ問題とは，「第四齢代」をどのように支え，ケアしていくかという問題とともに，「第三齢代」を生きる人たちが，壮健で，豊かで，生き生きとした高齢社会をどう構築していくかの問題があります。さらに，「第三齢代」の人も，やがて「第四齢代」へと移行していきます。その移行をどのようにスムーズにおこなうかということも，これからの高齢社会のかかえる一つの大きな問題でしょう。「齢代」という概念を用いることによって，「高齢社会とはどんな社会か」「そこにはどんな問題があるか」が明確にとらえられるのです。

問　題

1　21世紀の福祉の重要なテーマとは何でしょうか。
2　ライフサイクルの変化にともない，そこにどのような課題や問題が考えられますか。
3　ハビィガーストやエリクソンの提唱した発達課題を述べなさい。
4　新しい時代の発達課題を考えてみましょう。

文　献

Baltes, P. B., Reese, H. W., & Lipsitt, L. P. 1980 Life-span developmental psychology. *Annual Review of Psychology*, 31 (6), 5-110.
Erikson, E. H. 1982 *The life cycle completed: A review*. W. W. Norton.
Erikson, E. H. 1959 *Identity and the life cycle*. International Universities Press.
ハヴィガースト，R.J.　荘司雅子訳　1969　人間の発達課題と教育　牧書店（Havighurst, R. J. 1943 *Human development and education*. Longmans and Green.）
厚生統計局情報部　1999　人口動態統計　厚生統計協会
宮原和子・宮原英種　2001　福祉心理学を愉しむ　ナカニシヤ出版
宮原英種・宮原和子　1996　高齢社会を愉しむ　ナカニシヤ出版
守屋國光　1995　老年心理学の立場から—「老人と健康」健康心理学研究，8(1), 51-52.
ニューマン，B.M./ニューマン，P.R.　福富　護訳　1988　新版生涯発達心理学—エリクソンによる人間の一生とその可能性　川島書店（Newman, B. M., & Newman, P. R. 1984 *Development through life: A psychosocial approach*, 3rd ed. Dorsey.）
Neugarten, B. L.　1970　Dynamics of transition of middle age to to old age. *Journal of Geriatric Psychiatry*, 4, 71-87.
Peck, R. C. 1968 Psychological developments in the second half of life. In B. Neugarten (Ed.) *Middle Age and Aging*. University of Chicago Press.
総務省統計局　2002　http://www.mhlw.go.jp/toukei/saikin/hw/life/life00/life-3.html
下仲順子ほか　1995　中高年期におけるライフイベントとその影響に関する心理学的研究　老年社会科学，17, 40-56

ライフサイクル"人生の階段"

2

老化はどのようにして起こるか

Key word

老化
老化学説

老化とは

　高齢者を支援するには,まず第一に,加齢によって高齢者の身体的機能や運動機能,あるいは,感覚的な機能がどのように変化するかを知ることが必要です。それによって,老年期に起こるさまざまな疾患や不適応の状態にある高齢者への理解を深めることができるからです。

　この章では,通常起こる,加齢にともなう身体的・生理的機能の衰退,感覚・運動的機能の変化を概観し,それらの老化のプロセスにともなって日常生活でどのような支障が起こるのか,老年期の心理的適応の問題とあわせて考えていくことにします。

　それでは,「老化」という現象は,なぜ起こるのでしょうか。これまで,老化学説,つまり,老化の説明を試みた理論は,概念的なものから実証的なものへ発展し,現在では,分子や遺伝子レベルで考えられるようになってきました。まず,実証的な説としては,主に次の3つの説があります。

1) 消耗説
    物は長期間使用しているうちに次第に擦り減り,その機能も形態も衰退していくように,生体においても長い生活の結果,心身が消耗していく,それが老化であるという考え方。
2) 代謝率説
    生体には,その発育の初めに生活物質ともいうべき化学物質が一定量与えられ,これが生活の代謝の過程で徐々に消費され

る，これが老化で，使い果たされるときが死であるという説。
3) 中毒説
新しいものが古いものにとって代わる新陳代謝の結果，体内に有害物質が生じ，これが解毒または排除されず体内に蓄積されるために，次第にその生体に有害な作用をおよぼすという考え方。

そして，老化を分子・遺伝子レベルで説明した新たな老化学説としては，1) 老化プログラム説，2) プログラム説とエラー破局説，3) 機能衰退説などがあります。

以上の説に共通した老化の基本とは，「時間経過にともなう細胞数の減少と細胞機能の低下」ですが，いずれの老化学説も老化のある側面についてはうまく説明していますが，老化の現象は複雑であるため，老化の機構全体を解明するには，さらに科学の進展が待たれるところです。

身体・生理機能の低下

鏡に映った自分をみて年を意識するように，老いを認知する際の判断の一つとして外見上の変化があります。そこでここでは，加齢によって身体的機能や生理的機能がどのように低下していくかをみていくことにしましょう。

1 身長と体重 身長と座高は40歳代で減少しはじめます。その減少は女子より男子の方に早く現れます。身長の減少にはいくつかの原因がありますが，女子の低下率で一番大きな原因は，骨粗鬆症です。また，座高の低下は背筋の萎縮，椎骨と椎間板の退行変性による脊柱の変化のためであるともいわれています。おおよそ40歳代からはじまる身長の低下は，歳とともに次第に大きくなり，60歳代から70歳代でその変化は最大となります。

体重は，一般に「中年太り」といわれるように中年で増加し，老齢で減少します。通常，男子は30歳代，女子は40歳代で最大値を示します。体重の減少は，筋肉，水分，骨の減少によって起こるものです。体重に占める水の割合は老齢になると減少し，これは細胞の喪失，あるいは，細胞が小さくなるためであると考えられています。

また，体重をはじめ身体的状態と関係のある栄養については，以前は粗食が体によいと考えられたときもありましたが，集団を対象にした疫学的な長寿の研究においては，高たんぱく・高脂質が長寿の一因であることがわかってきました。

2 姿勢・歩行 加齢にともない，背が曲がり，上体が前屈気味になります。これは腰や背中の筋肉が弱り，椎骨・椎間板が変化するためです。歩行に際しては，歩幅が狭くなり，両足が地面についている時間が長くなり，両脚の横方向の間隔が広がります。これは

筋力やバランスを保つ機能の低下によるものです。
　これらのことから，介護実習においては，歩行のサポートの仕方やその道具として杖の種類，その使用についての知識をもつことも，高齢者の支援にとってきわめて大切なことです。

　3　皮膚　皮膚の色艶が変化し，しわが増加し，それに老人性色素斑とよばれるシミが増え，徐々に広がっていきます。また，あまり汗をかかなくなります。これは汗腺（エクリン腺）の機能が低下し，その数自体も減少するからです。汗をかかなくなるために体温調節が難しく，高齢者が外で運動をする場合，熱射病に注意し，水分を補給するようにしなければなりません。

　4　目・視力　高齢者の目の老化として老眼があります。新聞や本を読むのに遠くに離して読む様子が見受けられます。白内障，緑内障などの疾患がなければ，老眼鏡など適切な眼鏡の使用によって視力は補完することができます。また，高齢者に特有な目の病気として老人性白内障があります。白内障は50歳代から顕著に現れ，90歳代ではほとんどの人にみられるようになるといわれています。これは，水晶体が濁って不透明になり，また茶色味を帯びるために視力が低下し，色の区別が困難になり，著しい場合は失明に至ります。また，水晶体が茶色味を帯びることで，緑・青は黒っぽく見え，ピンクと赤の区別が困難になります。

　5　耳　高齢になると老人性難聴も増え，とくに高音が聞こえにくくなります。日常会話で使用される言語の音域（周波数）は250～8,000Hzといわれ，音の強さで30dB（デシベル：30dBとは基準音の1000倍の音の強さ）以上の低下は日常生活に支障をきたします。聴力低下は個人によって異なり，60歳を越えるころから補聴器が必要な聴力低下が起こり，80歳代ではその数，およそ半数に達するといわれています。この聴力低下は，おもに内耳の感覚器と脳の神経に起こる変化によって生じるものです。このような聞こえの低下に対応するには，高齢者への声かけは落ち着いた低い声でおこなうようにすればよいでしょう。

　6　睡眠　高齢になると睡眠時間が短くなるといわれていますが，睡眠は高齢者にとって重要な健康の指標であることが報告されています（杉澤ら，1994，村田ら，2003）。睡眠時間の長短に限らず，よく眠れていると高齢者が評価することが健康状態の目安となり，身体的，そして精神的健康の重要な要因としてあげられています。

　これまで述べたように，「老化」においては，さまざまな身体的・生理的変化や衰退が起こりますが，そのなかでとくに日常生活に支障をきたすものとして「老眼」があります。目は人間が環境から情報を取り入れ，生きていくうえできわめて大切な情報入力器官です。

とくに「老眼」では，人間の知的活力としての活字情報を取り入れるのが，困難になってきます。こういったことから，このような「老眼」の高齢者の読書活動を支援しようとする取り組みがおこなわれるようになりました。

2002年，9月12日の南日本新聞は，「シルバー世代，図書館へ」の記事を掲載し，その取り組みを報じています。南九州のある市立図書館では，5つのシルバー専用席と大活字本コーナーを設けています。その席は，いつも高齢者で埋まっています。この図書館では，老眼や聴力の低下した高齢者への対応として，大活字本を2000冊以上購入し，台にのせるだけで焦点が合うテレビ画面に大写しになる「拡大読書機」を導入しています。さらに，読むことが困難な高齢者にはカセットを貸し出し，「知的遊園地」としてのサービスを充実させているのです。

これはほんの一つの例ですが，これからは，あらゆる面でのこのような高齢者の心身の機能低下に配慮した，高齢者の生涯学習熱を支える体制が一層望まれます。

感覚・運動機能の変化

 1 視覚　　視力については目のところでもふれましたが，加齢にともなう視力の低下は，網膜の毛細血管の変化，水晶体の障害によるもので，高齢者が環境を認知する能力を低下させます。順応では，高齢になるにつれて暗順応，明順応ともに長い時間を要するようになります。とくに，明・暗順応の障害が顕著になり，ヘッドライトを急に見たりする場面などの，刺激光が急激に変化する場面で事故を起こしやすくなります。また，視野も狭くなります。50歳前後から外内側，上下側ともに見える範囲が急激に狭くなります。その結果，信号・標識を見落としたり，車の接近に気づかず事故を起こすといったことが起こりやすくなります。次に，色覚では，紫や藍色，さらには青や緑が見えにくくなり，日本の道路標識の色など一部の高齢者にとっては見えにくいものもあります。一方，橙や赤はよく見えるため，施設内の案内版など高齢者の色覚に配慮するときの参考になります。

 2 味覚　　味の感覚受容器である，味覚をつかさどる，味蕾（みらい）は，加齢とともに数が減少し，なかでも酸味，塩辛さ，苦みなどの味覚は，全体的に低下します。

 3 皮膚感覚　　痛覚は，加齢によって痛覚域は変化するといわれていますが，まだ不明なところが多いようです。しかし，一般に，加齢によって痛覚は鈍化すると考えられます。

触覚は身体の部位によって感覚閾が違い，眼および周囲の触覚閾では，50歳代以降急激に鈍化（弁別閾が大きくなる）していきます。

温度感覚では，温点，冷点などの感覚受容器は加齢とともに減少し，温度感覚も低下していきます。一方，高齢者は気温の変化に対する抵抗力も弱くなっているため，低温でも火傷しやすくなります。

4 知覚　形の知覚（形態覚）は，年齢の増加とともに正確度を増加しますが，しかし，高齢期にはいると低下するといわれています。長さの知覚は，老齢になるとともに低下し，奥行き知覚は，老齢によって起こる視力の変化，眼調節力，瞳孔および眼球運動，水晶体の機能の低下によって，高齢になるほど判断が不正確になります。また，高齢者は対象の実際の位置よりも手前にその対象があると判断する傾向があることも指摘されています。

世間では，高齢者の自動車運転や道路での歩行の際に多く発生している事故を憂慮する声が聞かれ，シルバードライバーのための講習や車に茶色のシール（70歳以上のドライバーに配布されるもみじマーク）を貼るなど，高齢者ドライバーに対する注意を喚起する体制がとられています。

しかし残念なことに，高齢者の安全教育といわれるもののなかには，高齢者が起こした事故の件数や高齢者の機能低下がもたらす弊害のみを強調し，また保護という目的で運転免許の返納を促す声もきかれます。しかし，これからは，単にこれらの高齢者のもつ負の側面だけを強調するといった安易な議論ではなく，高齢によって起こる機能低下を補足する方向で支援する方法を模索する必要があると考えられます。

5 運動機能の老化　東京都立大学の報告（1980）によると，すべての運動能力は20歳代前後でピークに達し，それ以後は低下するといわれています。しかし，その低下の程度は，運動能力の種類によってかなり異なっています。柔軟性（上体そらし），瞬発力（垂直跳び）は，男女ともピーク後，急激に低下します。反復横跳びにおける敏捷性は，男女ともに40歳以後低下し，60歳代ではピーク時の60〜70％になります。一方，握力などの筋力は，柔軟性，瞬発力に比べて，低下は比較的穏やかです。握力は日常生活で常に使用している筋なので，低下が小さいと考えられます。

体の免疫機能については，加齢にともなって低下するため，細菌やウイルスなどに感染しやすくなります。また，認知処理能力も若いときより低下することがわかっています。中枢神経系の抑制機能（行動において興奮過程を収縮し，整える働き）は，青年期から老年期に向かって弱くなっていき，それが認知活動の低下をもたらす要因ではないかと推測されます。これについては，心理学的な測定によって注意課題場面での高齢者の抑制過程の低下を検証した研究（権藤ら，1998），また，高齢者の認識的側面の硬さや認識転換の難しさについても，高齢者の自己調節機能の観点から検討されています（土田，1991）。土田らの研究によると，高齢になるほど，女性よりも男性で，認識転換の困難な者の割合が高いことが示されています。

6 "身体的機能が衰退しても，老人は子どもに還らない"　ところで，井上（1992）は，俗説として「年をとると子どもに還る」という，すなわち，認知症の高齢者の退行現象の行動や思考，知覚の固さを示す状態を指すこのことばに対して，次のように述べています。

「これまで発達の順序性の原理の逆をたどって高齢者が歩行動作を失うことを指摘したが，確かに歩行できないという点に関しては，歩き出せない子どもも歩けなくなった老人も同じです。しかしながら，一方は歩行に関して未経験で，他方は有経験です。(中略) 老人は歩行を杖で補えばよいという経験知をもっています。結果として，老人はいわば"3本足歩行"という新しい歩行が可能となるのです。子どもは経験そのものの獲得行動であるのに対して，老人のそれは経験の利用であり，両者は同じ状態にありながら，その状態に内包されている次なる対処の方向や仕方を決定するしくみにおいては異なっているのです」。

このように井上は身体的衰退を指して，単に子どもに還るという見方のあやまりを指摘したうえで，その背後にある暗黙の山型の発達観，すなわち，青年期をピークとする発達観を批判しています。

これまでの老化についての知見をまとめると，老化の過程はその機能によってかなり異なり，さらにそれは個人間で大きく異なることを示しています。

介護や看護の現場では，実際に高齢者の衰退状態を模倣し，その身体的ハンディの重さとともに，心理的不安や自分の思い通りに動けないいらだちなどを身をもって経験する試みがおこなわれています。しかしながら，「のどもと過ぎれば……」のたとえの通り，それも他人の痛みでしかないのが常であり，心の支援とは高齢者の体の痛みや加齢の影響を常に念頭におきながら，それが高齢者の日常の生活における「生活の質（QOL）」に生かされるように心がけることが大切です。

問　題
1　高齢者を支援するうえで，老化について学ぶことは大切ですが，なぜだと思いますか。
2　介護実習で高齢者の身体的・感覚的変化を体験することの意義を考えてみましょう。
3　「老人は子どもに還らない」とは，どのような意味でしょうか。
4　老化による機能低下を補い，高齢者の日常生活を豊かにするような社会のシステムについて考えてみましょう。

国家試験問題
■問題　高齢者の感覚や知覚に関する次の記述のうち，適切なものに○，適切でないものに×をつけた場合，その組み合わせとして正しいものを一つ選びなさい。
　A　若いときに比べ，すべての感覚・知覚の能力は衰える。
　B　痛みに対する感覚の鋭さは，若いときと変わらない。
　C　「悪口はよく聞こえる」などといわれるように，聴覚が鋭くなる。
　D　甘いものが好物である高齢者をよく見かけるように，一般に甘味に対する味覚が鈍くなる。

コラム　老化の身体的・生理的側面

わたしたちの体に起こるいろいろな老化の兆候と老年期のおもな疾患を示したのが下の図です。年をとるとともに，病気に対する免疫力や抵抗力が低下し，また，病気からの回復力が低下し時間を要するようになります。一方，高齢者の体力や運動機能は，個人的な違いがあり，バランスのよい食事や適度な運動を心がけるなど，それまでの健康に対するとりくみによって，その機能に大きなひらきがあるようです。

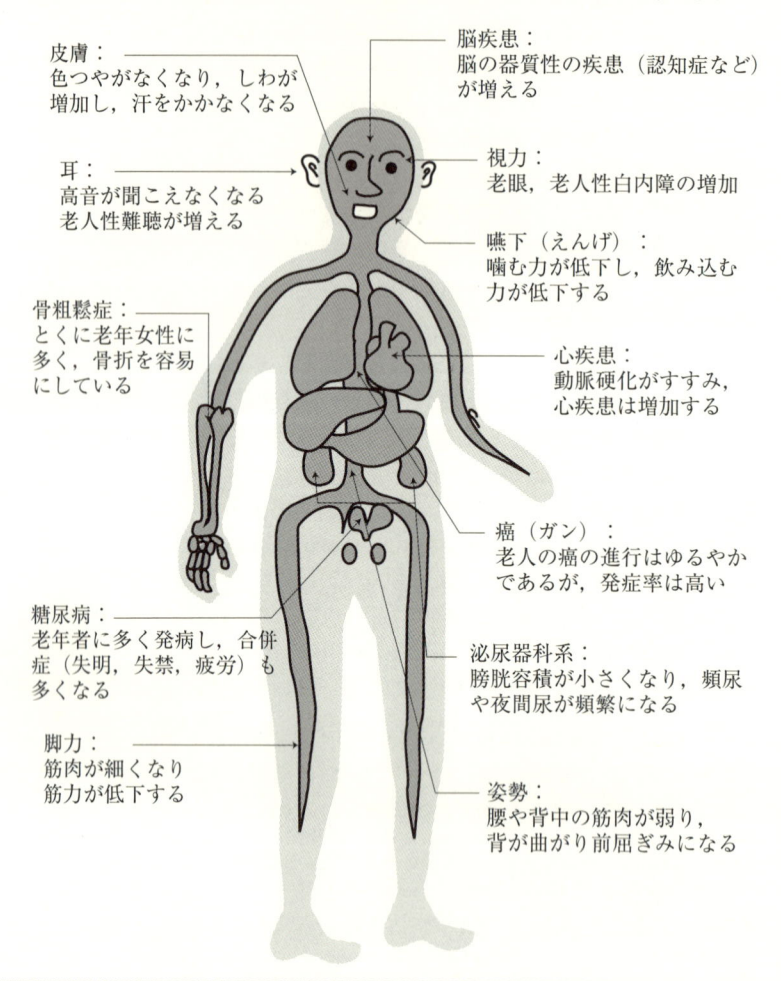

皮膚：
色つやがなくなり，しわが増加し，汗をかかなくなる

脳疾患：
脳の器質性の疾患（認知症など）が増える

耳：
高音が聞こえなくなる老人性難聴が増える

視力：
老眼，老人性白内障の増加

嚥下（えんげ）：
噛む力が低下し，飲み込む力が低下する

骨粗鬆症：
とくに老年女性に多く，骨折を容易にしている

心疾患：
動脈硬化がすすみ，心疾患は増加する

癌（ガン）：
老人の癌の進行はゆるやかであるが，発症率は高い

糖尿病：
老年者に多く発病し，合併症（失明，失禁，疲労）も多くなる

泌尿器科系：
膀胱容積が小さくなり，頻尿や夜間尿が頻繁になる

脚力：
筋肉が細くなり筋力が低下する

姿勢：
腰や背中の筋肉が弱り，背が曲がり前屈ぎみになる

（組み合わせ）

	A	B	C	D
1	○	○	○	×
2	○	○	×	×
3	○	×	×	×
4	×	○	×	○
5	×	×	○	○

■問題　感覚機能に関する次の記述のうち，正しいものを一つ選びなさい。

1　高齢期になると聴覚や視覚は衰えるが，その他の感覚は衰えない。
2　高齢期になると感覚が衰えるというのは神話にすぎず，俗に自分の悪口はよく聞こえる，などといわれるように感覚はむしろ鋭くなる。
3　高齢期になっても感覚の鋭さは，若いころと変わらない。
4　高齢期になると若いころに比べ，感覚の鋭さは低下する。
5　高齢期になると，感覚はより鋭くなる人もいれば鈍くなる人もおり，一概にはいえない。

文　献

権藤恭之・石原　治・下仲順子・中里克治　1998　選択的注意課題における抑制過程の加齢変化　老年社会科学，第20巻第2号，120-131.
東京都立大学身体適性研究室（編）　1980　日本人の体力標準値（第3版）　不昧堂出版
井上勝也　1992　生涯発達の視点　東　洋・繁多　進・田島信元（編）　発達心理学ハンドブック　福村出版　pp.401-409.
村田　伸・津田　彰・稲谷ふみ枝　2003　高齢者における主観的健康観アセスメント法の検討　久留米大学心理学研究紀要，第3号
杉澤秀博・Jersey Liang　1994　高齢者の健康度自己評価の変化に関連する要因　老年社会科学，第16巻第1号，37-45.
土田宣明　1991　老年期における認識転換の困難―自己調節機能の観点からの検討―　発達心理学研究，第2巻第2号，99-105.
東京都老人総合研究所（編）　1998　サクセスフル・エイジング　老化を理解するために　ワールドプランニング

3

高齢者の知能と記憶

Key word

知的能力

高齢者の知的能力

　最近，高齢者大学や生涯学習などのクラスをみると，生き生きと熱心に勉強している高齢者が数多くみられます。こうした人の多くは，「定年退職で時間ができた。もう一度勉強してみたい」「これまで家事や商売で多忙であったが，時間ができたので，前から興味があった歴史を学ぼうと思った」「戦後一生懸命生きてきたが，孫と話題をもちたくてパソコンを習うようにした」など，その動機や背景を語ってくれます。そして，「年をとって，物覚えがわるくなった」などといいながらも，講師の話を聞き，ときにはノートをとり，習ったことを覚えて使うといった，多様な知的能力を駆使して勉強しています。

　わたくしたちが勉強をするには，知能や記憶，問題解決，学習といった能力が求められます。これまで，これらの知的能力は，乳幼児期から青年期に至るまでの発達の課題として考えられ，それ以後の中年期以降は低下し，身体的老化の顕著な老年期では，その能力はさらに著しく低下すると考えられてきました。

　しかし，ここ30年の成人期・老年期における知的能力に関する研究の蓄積から得られた結果は，このような考えを改めさせるものでした。世間では，70歳，あるいは，それ以上の年齢で，政治や経済，文学，芸術，教育などの分野で，創造性やその他の業績で，人生最大の業績を残している人も数多くみうけられます。

　事実，高山ら（1996）は，東京都内の老人大学の受講生106名（男子51名，女子55名，平均年齢73.4歳）と都内の三つの大学の

学生147名（男子38名，女子109名）とを対象に，創造性テストを用いて思考の創造性について比較しています。それによると，高齢になっても，創造的思考は衰えることはなく，概して，高齢者の方が大学生に比べて創造性得点が高いことが示されました。とくに，経験や知識に関連する思考や，非凡な考えや無駄のない思考を生み出す思考の独自さは，青年に比べてすぐれたものであったのです。

おそらく，この結果は，これまで考えられてきた知能や知的能力が，短期の記憶や記憶力といった，どちらかといえば知的反応の鋭敏さや速度を問題にしていた結果であろうと思われます。高山らの結果からいえることは，人生経験豊富な，そこで獲得された知識や経験の集積は，むしろ，新しい人生の知恵，あるいは，創造的な知恵を産み出す源泉になっているということでしょう。

それでは，これまでの認識をくつがえす本当の加齢にともなう知的能力の変化とはいかなるものでしょうか。次に，「知能とはなにか」という知能の定義を考えながら，それと関連して高齢者の知的能力について洞察し，そのあと，知能が加齢とともにどのように変化していくかをみていくことにしましょう。

知能とはなにか？

わたくしたちは，日ごろ，大小さまざまな問題と向かいあって日々の生活をおくっています。たとえば，買い物をする，車の免許を取る，レポートを提出するといった日常の出来事に対して，それをうまく対処し，有効に処理していかなければ，生きていくことはできません。これらの問題をうまく処理するために必要な能力が「知的能力」あるいは「知能」といわれるものです。

その「知能とはなにか」いうとことについては，心理学においては，大きくいって，三つの考えがあります。一つは，知能は「抽象的な思考能力である」というものです。

もう一つの考えは，知能は「学習能力である」というものです。すなわち，なにか新しいことを学習する元となる能力が知能であるという考えです。たとえば，パソコンを新しく学習する能力が「知能」であるといったものです。もし知能を「学習能力」として定義すれば，加齢の進んだ者は，どうもそういった学習能力は，若者に比べて劣るようです。高齢になった人が新しいことをなかなか学習できないのは，このような能力が関係しているといえましょう。この種の「知能」についての定義は，ある種の説得性と合理性をもっているとも考えられます。

しかし，今日，心理学でもっとも広く受け入れられている知能についての定義は，知能とは「環境に対する適応能力」であるというものです。すなわち，知能とは「目的に合うように行動し，合理的に考え，まわりの環境に効果的に働きかけて問題を解決していく能力」であるとするウェクスラー（D. Wechsler, 1945）の定義です。つまり，知能とは，わたくしたちが環境に効果的に作用し，適応する能力であるということです。わたくしたちは，日々さまざまな問

Key word

知能

Key word

知能の定義
適応能力
結晶性知能と流動性知能

題解決場面に直面し，それを解決して生きていかなければなりません。その問題を解決して生きていくことを「適応」といいます。その「適応能力」が「知能」であるというものです。もし「知能」が「適応能力」であるとすれば，高齢になった人も，それまでに蓄積した知識や経験によって，ある場合には，若者以上に問題解決能力を発揮するということはありえることです。高齢者が創造性テストですぐれた能力を示し，高齢になってその人の人生で最大の業績をあげる人がいるのも，決して不思議なことではありません。

このように考えていくと，高齢者の「知能」ということを考える場合でも，「知能」の定義如何によって，高齢者の能力に対する評価が変わってくるということです。

加齢と知能

これまで，これらの知能は青年期，成人前期までにその発達のピークをむかえ，それ以降は次第に低下すると考えられていました。しかし，1980年以降その考えは改められ，現在は60歳代頃まで知能はよく維持され，健康であれば老年期に入っても知能の低下は緩やかであることが明らかにされています。この問題をさらにいくつかの研究を通して考えてみましょう。

これら成人以降の知能研究の転換点となったのが，系列法によるシャイエ（K. W. Schaie, 1983）の研究です。シャイエは，20年間にわたり成人の知的能力について研究を重ね，その結果，結晶性知能，つまり，経験の結果の結晶としての知能は20歳代から60歳代頃まで上昇し，そのあと緩やかに低下することを見出しました。驚くことに，老年期の結晶性知能は，20歳代と同程度のレベルを保っていました。一方，流動性知能，すなわち，新しい場面に適応する際に働くものとしての知能は，30歳代でピークに達してから60歳頃まで維持され，その後大きく低下するというものでした。この流動性知能は脳の器質的障害に影響され，加齢とともに低下するといわれています。それでも，全体的にみると，老年前期までは知能はかなり高く維持されているといえます。

それでは，老年期の知的能力に与える要因とは，なにが考えられるでしょうか。シャイエやその他の研究からいえることは，第一に，教育が重要な要因であるということです。誰もが学校に行き，教育を受けられる若い世代の方が，古い世代より，結晶性知能得点は上昇しています。第二に，その人の健康状態があげられます。とくにこれまで心臓疾患と知的能力の衰退との関連が検討されてきました。それによると，心臓の慢性疾患に急性疾患が重なると，知的能力は急速に衰退することが示されています。

ところで，最近では，知能は老年期になって徐々に低下するのではなく，むしろ老年期の知能の低下は，死の数年前から急激に起こるともいわれています（Riegel et al., 1972）。また，これらの要因の他に，知能低下の要因として，職業や文化的な環境などがあげられます。さらに，生活経験が高齢者の知的能力とどう関連しているか

も検討されています（大川, 1989）。それによると，とくにその人の教育歴や仕事のキャリア（役職）が知能と強い関連を示し，その他，日頃から読書をする，新聞を読むなどの要因が，結晶性知能とポジティブな関連をもっていることが報告されています。

これまでみてきたように，成人期以降の知能は単に加齢につれて老化し衰退するのではなく，教育や健康状態，さらにその時代をどう生きるかといった，その人その人のもつ特徴に規定されていると考えられます。わたくしたちは，幼い子どもが有能で積極的に外界に働きかける存在であるのと同じように，老年期に入って身体的・運動的能力が衰退する時期を迎えても，なお環境に対して効果的に働きかける知的能力を有しているということをもう一度認識することがきわめて大切です。

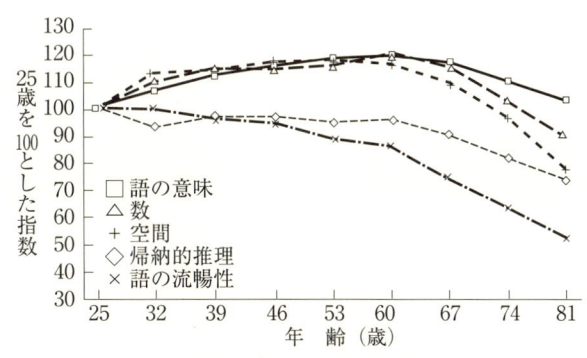

図3-1 系列法による知的能力の加齢パターン
（Schaie, 1988; 大川, 1989より）

高齢者の「知恵」

1980年以降，老年期の知的機能は若者と比べてそれほど低下しているのではない，その機能が異なるだけであると考えられ，それまでとは異なる知能観や知能のモデルが提唱されてきました（たとえば，Perlmutter, 1989, Labouvie-Vief, 1985）。さらに，成人期・老年期における知能の発達のあり方について，それまでの経験や知識の豊かさと結びついた「知恵」とか「熟達」という生涯発達のわく組みからも検討がおこなわれています。

ところで，知恵とは「老年期の発達課題である統合と絶望の間の葛藤を経て，自我が発達して得られる徳である」といったのは，アメリカの精神分析学者，エリクソン（E. H. Erikson, 1982）です。一般に，知恵は老年期に期待される人格特性の一つであるともいわれています（4章パーソナリティ参照）。それでは，本当に「知恵」は老年期における知的な人格特性の一つなのでしょうか。この問題について考えてみましょう。

Key word

終末低下
知恵（wisdom）

コラム 「流動性知能」と「結晶性知能」

　知能はどのような要因から構成され，また，どのような構造になっているでしょうか。老年期の知能の研究では，ホーンとキャッテル（Horn & Cattell, 1966）が提唱した「流動性知能」と「結晶性知能」のモデルが多く用いられています。

　流動性知能とは，「新規の学習過程と関連する生得的で神経系に依存する能力であり，非言語的なテストで測定され，速さや量」であらわされます。一方，結晶性知能とは，「判断力や理解力といった，過去に習得した知識や経験をもとにして蓄積された知能」であり，語彙力や社会的知識や日常の問題を解決するような言語的なテストによって測定されています。

バルテス（P. B. Baltes, 1992）は，生涯にわたる知能の実際性に基づく知識として「知恵（Wisdom）」を想定し，知恵を「人生の基本的な実践の領域における適切な判断と助言を含む熟達した知識」として定義しています。バルテスのいう知恵とは，文化の進歩や経験によって日常の生活のなかで得られる実際的な知識ですが，前に述べたシャイエらの「結晶性知能」（コラム参照）とは異なり，とくに人生の事柄や人生の危機葛藤などの領域における熟達した専門的な知識体系であると説明されています。

　さらに，知恵の具体的な指標としては，1）豊富な事実的知識：人生の条件や諸側面についての豊かな知識を有すること，2）豊かな手続き上の知識：人生の事柄に対する判断や助言のしかたについての豊かな知識を有すること，3）生活空間の布置状況：生活とその関係のあり方や置かれている状況（家族，教育，仕事，余暇など）や文脈を把握，人生の目的や進路を見極め適合させる方法を知ること，4）相対主義：個人間文化間で異なる価値観や目的を知り，柔軟な姿勢で人生をみること，5）不確実性：人生には予測し難い事態が起こりうることを知っており，また自分の知らない未知の側面を認めていること，の5つがあげられています。

　これまでの，知能の発達という観点からの知恵や社会的問題解決能力についての実証的研究では，高齢者も，若者や成人と同じくらい，ときには，それ以上の能力をもっていることが示唆されています。成人期・老年期の知的能力の発達については，その他にも，認知や思考，創造性という側面とパーソナリティの発達との関連などの研究もおこなわれています。

記憶のしくみと分類

　高齢者が「年をとって，物覚えがわるくなった。以前は覚えていたことも，なかなか思い出せない」といったようなことを言うのをよく耳にします。本当にそうなのでしょうか。

　近年の高齢者の記憶についての研究では，知能と同じように，高齢者の記憶力も若年者と比べて，全般的にはそう大きく劣ってないことが報告されています。しかし，その一方で記憶のある側面については，確かに記憶の低下がみられるようです。

　この高齢者の記憶の問題を考えるとき，まずはじめに記憶のしくみと種類についてみておきましょう。

　図3-2は，記憶のモデルを示したものです。このモデルは，感覚記憶，短期記憶，長期記憶という3つの貯蔵装置から構成されています。さらに記憶の過程には，記銘，保持，想起（再生）の3つの過程があります。保持は記憶の記銘から想起までの間にあるものですが，その保持の期間の短いものを短期記憶といいます。また，情報が短期記憶に移る前の一時的な記憶を感覚記憶といいます。感覚を通して入力される膨大な情報のうち，短期記憶に移るのは注意が向けられたほんのわずかなもので，あとは消えてしまいます。短期記憶に移った情報も保持できるのは長くて数十秒であり，貯えられ

る容量も7±2の情報量（単語のかたまり）であるといわれています。この短期記憶の情報がリハーサル（くり返される）されることによって，安定した記憶として整理され，組織化されて長期記憶として永久的に貯蔵されることになるのです。

記憶の種類は，分類すると宣言的記憶と非宣言的記憶とに分けられます。宣言的記憶には，意味記憶（ことばや知識の記憶），エピソード記憶（山に栗とりに行って，友だちと食べたなどの自分史）があり，一方，非宣言的記憶には，手続き記憶（自転車に乗る，車を運転するなど体で動作を記憶していること）があります。その他に，「10月1日は孫の運動会」など，計画や予定を記憶しておく展望記憶などがあげられます。また，図3-2のコントロール過程に相当するメタ記憶があります。

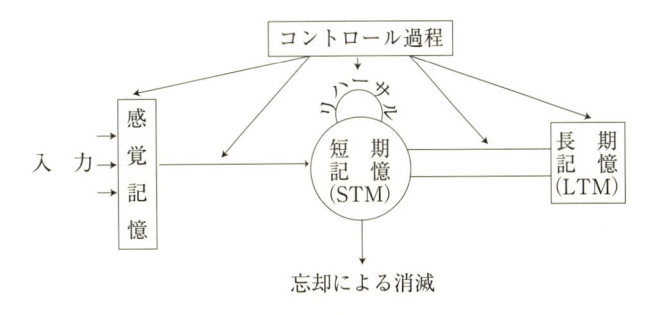

図3-2　記憶の3種類と相互の関係

Key word

メタ記憶

老化と記憶力の低下

これまでの老年期の記憶の研究を概観すると，次のようにまとめることができます。

1) 感覚記憶，作動記憶（認知過程において情報が処理される機能）は低下する：感覚記憶の低下は，記憶の保持時間の短い感覚記憶では膨大な情報の処理に入力時に手間取ると考えられています。また，作動記憶はさまざまな認知過程を経て，いろいろな認知作業を同時におこない処理のスピードや量が関係するため，加齢による影響が顕著であるとされています。

2) 短期記憶は加齢の影響を受けるという報告がある一方，健康な高齢者では低下は見られなかったという報告もあります（Craik, 1968等）。

3) 長期記憶は加齢の影響を受けるという報告が多い一方，長期記憶も記憶の内容によっては低下しないという結果もあります。たとえば，エピソード記憶や手続き記憶は障害されにくく，加齢による低下はみられないというものです。

ところで，なにが記憶力の測定に影響を与えるかについては，下の表のような理由が考えられています。たとえば，これまでの記憶の研究で提示された材料の問題があります。また，調査のために見慣れない器具を使ったり，緊張したりすることによってうまく覚えられなかったり，思い出せなくなることもあるのです。

これらの結果は，一概に老年期の記憶力は低下するとはいえず，記憶力の低下が加齢による

表3-1　高齢者の記憶の測定に影響する要因

1	高齢者にとって興味がなく，馴染みのない情報が提示された場合，動機づけが低下する
2	高齢者が緊張している場合
3	言語の発話の困難さを，記憶力の低下ととらえている場合
4	リハーサルや体制化といった手段を多く使用していない場合

ものか，あるいは，記憶の種類やその他の要因が働いてそれがどの程度影響するのかなど，加齢と記憶の関係については，今後神経心理学的な知見もを含めながら，さらに検討する必要があると考えられます。

コラム　高齢者と無知の知

　バルテスらは，どのように知恵を調査したのでしょうか。
　彼らは，人生に身近に起こりうるジレンマ問題を考え，各年代の人びとに回答を求めました。その結果を本文で述べた5つの基準と照らしながら知恵の測定を試みたのです。
　その問題とは，たとえば，「14歳の少女が妊娠した。彼女はどのように考えて，どうすべきなのか」というものです。
　知恵を示す理想の回答の内容とは，1) 解決について多くの選択肢と助言の方法をあげ，人生の文脈のなかで年齢がどのような意味をもつのか，2) おかれている状況と今後起こりうるであろう葛藤を考慮して，宗教的，文化的な価値を考える，3) その上で解決への支援に言及するが，4) そこに完全な解決はなく，また将来は予測できないことを知っている，というようなものです。
　彼らは，さらに人生の問題（人生計画・人生回顧）とその主人公（若年・老年の場合とその問題が標準的・非標準的）を設定して解決の仕方を評定してもらいました（Baltes et al., 1992）。その研究では，知恵の基準に達していた人の割合は，若年，成人，老年群とも同じでした。しかし，英知の基準である「不確実性の気づき」では，若年群よりも老人群が高いことが示されたのです。
　長く人生を生き，若い人よりも経験を積み，知識を蓄えている高齢者が，「まだまだ知らないことがある，人生には予測できないことがある」と答えることが，若い人々より多いというのです。このことは，なにを意味しているのでしょうか。
　高齢者は，「無知の知」を知ることで，人生を見通し，生きることに超然とした関心（Erikson, 1982）をよせているのかもしれません。

問　題

1　「知能」の定義とは？　また「知能」と「適応能力」の関係について述べなさい。
2　シャイエの研究以降，知能はどのように発達すると考えられていますか。
3　「結晶性知能」と「流動性知能」について説明しなさい。
4　記憶の加齢による影響には，どのようなものがありますか。また，記憶力の測定に影響をする要因（理由）をあげてみましょう。

国家試験問題

■問題　高齢者の記憶に関する次の記述のうち，正しいものを一つ選びなさい。
　1　記憶には，「記銘」，「保持」，「再生」の3過程がある。
　2　女性は男性に比べ，記憶の「保持」がよい。
　3　記憶の衰えは，認知症の兆候である。
　4　記憶には，ごく短時間だけ情報を保存する「短期記憶」と，短期記憶から送られてきた情報をきわめて長く保存する

「永久記憶」がある。
5 いわゆる「胴忘れ（または度忘れ）」は，高齢者特有のものである。

■問題 記憶に関する次の記述のうち，適切なものに○，適切でないものに×をつけた場合，その組み合わせとして正しいものを一つ選びなさい。
A 度忘れが生ずるのは，記銘が困難になったからである。
B 体験したことを，覚えておくことを保持という。
C 一般に記憶能力は，年齢とともに低下することはない。
D かつて覚えたことを，今，見聞きしないで思い出すことを再生という。

（組み合わせ）

	A	B	C	D
1	○	○	×	×
2	○	×	○	×
3	○	×	×	○
4	×	○	×	○
5	×	×	○	○

文　献

Baltes, P. B., Smith, J., Staudinger, U. M., & Sowarka, D. 1992 Wisdom: One face of successful aging? In M. Perlmutter (Ed.), *Late-life potential*. Washington DC: Gerontological Society of America.
Craik, F. I. M. 1968 Two components in free recall. *Journal of Verbal Learning and Verbal Behavior*, **7**, 996-1004.
Erikson, E. H. 1982　村瀬孝雄・近藤邦夫（訳）　1989　ライフサイクル，その完結　みすず書房　(Erikson, E. H. 1982 The life cycle completed: A review. New York: W. W. Norton Company.)
Labouvie-Vief, G. 1985 Intelligence and cognition. In J. E. Birren, & K. W. Schaie (Eds.), *Handbook of the psychology of aging*. 2nd ed. New York: Van Nostrand Reinhold. pp.500-530.
大川一郎　1989　高齢者の知的能力と非標準的な生活経験との関係について　教育心理学研究，**37**巻，100-106.
Perlmutter, M., Nyquist, L., & Adams-Price, C. 1989 *Activity and cognitive performance across adulthood*. University of Michigan.
Riegel, K. F., & Riegel, R. M. 1972 Development, drop, and death. *Developmental Psychology*, **6**, 306-319.
Schaie, K. W., & Hertzog, C. 1983 Fourteen-year cohort-sequential analyses of adult intellectual development. *Developmental Psychology*, **19** 531-543.
高山　緑・下仲順子・中里克治・石原　治・権藤恭之　1996　老年期の創造性の研究――青年群との比較において――　日本心理学会第66回大会発表論文集，328.
Wechsler, D. 1945 A Standardized memory scale for clinical use. *Journal of Psychology*, **19**, 87-95.
山内光哉　1983　記憶と思考　原岡一馬・河合伊六・黒田輝彦（編）　心理学—人間行動の科学—　ナカニシヤ出版　pp.164-167.
中西信男　1995　英知の心理　ナカニシヤ出版

4 高齢者のパーソナリティ

Key word

パーソナリティ

パーソナリティとは

　一般に，高齢者を評して「年をとると性格がまるくなる，温厚で威厳がある」といった評価がある一方で，「老人は頑固である，人の話を聞かない，用心深い」など，老いや高齢者に対して否定的なイメージもあるようです。それでは，とくに，このような否定的なイメージに代表される「高齢者に特有なパーソナリティ」なるものが本当にあるのでしょうか。

　パーソナリティとは，オールポート（G. W. Allport, 1951）によれば，「個人のうちにあって，その個人に特徴的な行動や思考を決定する心理・物理的体系の力動的体制である」と定義されています。つまり，パーソナリティとは，その人独自の思考や行動の傾向であり，またその特徴的で一貫してその人の意識や行動の在り方を規定するものである，と考えられます。また，その形成については，パーソナリティは一生を通して発達し，気質を基礎として乳幼児期，児童期とまわりの環境の影響のもとにつくられ，青年期以降はあまり変化しないというのが有力な見解です。

　しかし，成人期以降といえども，親として，人生の先輩として若い人と接し，それまで以上により成熟したパーソナリティが求められるようになります。たとえばヘックハウゼンら（J. Heckhausen et al., 1989）は，高齢者に望ましいパーソナリティ特性として「知恵」と「威厳」の2つをあげています。この老年期における知恵の存在は，知能や認知的アプローチによって検討されています（3章参照）。人生の先輩，親としての「威厳」については，これまで家制度や家

長としての役割のなかで見い出されてきましたが，少子化や核家族化などで家族のあり方が大きく変化していくなかで，これからはこれまでとは異なる人格特性が求めらるようになるかもしれません。

高齢者のイメージ

まず，高齢者に対するイメージからみていくことにしましょう。高齢者のイメージや態度に関する研究は，1940年以降数多くおこなわれてきました。その報告は国内外で100以上にもおよびます。これらの研究の結果は，とくに若者がもつステレオタイプ的な見方，固定化した人格像の存在を明らかにしています。

欧米では，青年の一般的な高齢者に対するイメージは，ネガティブかニュートラルなもので，青年の多くが12歳から13歳頃までにすでに老いに対する否定的な態度を形成していることが明らかにされています（Tuckman & Lorge, 1953 ; Helin, 1979）。一方，高齢者自身も，自分に対して「老いの拒否」ともとれる，老化に対する否定的態度と否定的なイメージをもつことが示されています。

わが国においては，高齢者のパーソナリティに対する評価は，小学生・中学生では全体的に肯定的で，とくに低学年で高齢者との交流経験が多い者ほど肯定的な評価をしていました。一方，高校生や大学生になると「考え方が古い，頑固，物忘れがひどい・少しボケている，病気がち・弱い，孤独」などといった否定的イメージが強く，その心理的背景として「自分たちとは関わりのない，心理的にかけ離れた存在」があると考えられます（沼山・寺田，1999 ; 大谷ら，1995）。

ところで，高校生や大学生を対象とした研究のなかでも，高齢者を「暖かい，尊敬できる，優しい」と正の評価をした者もいます。それらの生徒や学生は，日ごろから高齢者と交わり，祖父母と交流し，また祖父母との同居経験があることが示されています。また，高齢者と接し介護等の経験をすることによって，それまでの高齢者に対する否定的な態度やイメージが肯定的に変化し，高齢者に対する理解が深まったことが報告されています（原・安川ら，2000 ; 松田ら，2000）。

高齢者特有のパーソナリティはあるか

次に，「否定的なイメージにあらわされる高齢者に特有な人格特性はあるのか」について考えてみましょう。

これまで老年期の人格特性としてあげられてきた，頑固，内向，慎重，孤独，不安といったネガティブな属性は，近年これらの特性について再検討がおこなわれ，修正されてきています。

それでは，なぜこれまで高齢者に対する否定的属性が見出されていたのでしょうか。それについては，次のようなことが考えられます。1) 横断的研究から導きだされた世代性の違い，つまり，これまで高齢者に付与された否定的な人格特徴は，主として横断的研究の立場からおこなわれ，その世代性の違い，すなわち，高齢者は青年

よりも頑固といった評価がなされた結果であると考えられます。2）実験という特異な場面における反応であったこと，3）自己を防衛するものであったものが，あたかも人格特性を示すものとして取り上げられてきたこと，4）知能や認知力が低下したために起こる不適応（ときとして適応）の状態を示すものであった，等が考えられます。

これらの結果が高齢者の否定的なイメージを生み出したということについては，他の研究からも指摘されています（Costaら，1986；Schaieら，1973；下仲，1988等）。

たとえば，中里ら（1989）は，不安状態と不安特性について25歳から92歳の地域住民を対象として調査をおこなった結果，不安は加齢とともに低下することを見出しています。

さらに，高齢者の日常のなかでみられると思われる「心配性やルース，頑固さ」といったネガティブな人格特性も，実は老年期特有の人格特徴ではなく，それらの性格は若い頃からそなえていたものであるといわれるようになってきました。また，それらの人格特性は，病気やストレスによる知的・認知能力の低下によって自己の抑制力や判断力が低下したためであるとも考えられます。つまり，パーソナリティは老年期になって急にネガティブな変容を起こすのではなく，老年期ではそれまで形成されたパーソナリティの先鋭化が起きると考えられているのです。

また，臨床場面においても，もともとの性格によって精神症状の表出（たとえば，攻撃性や意思疎通性）や適応性が異なることが示されています（室伏，1984；竹中，1996等）。竹中によれば，脳の老化や損傷によって起こる性格の変化には，もともとの性格を基盤にして起こる「抑制欠如」といわれるものがあり，それは，理性のブレーキがきかなくなる，破目をはずす，脱線する，慎みがなくなるなどを指します。

高齢になり病気になると，人の世話にならざるをえない状況になってきます。そこでは，一人暮らしのうちは問題にならなかった性格や本人のパーソナリティが対人関係の葛藤のなかで表出されます。それは，決して高齢者本来のパーソナリティの問題だけとはいえず，高齢者がおかれた危機状況の結果としてとらえることが必要です。それによって，その人のもつ攻撃性や不安，頑固さなどが理解できるのです。心気症や自己中心性，わがままなども，苦しい状態にある自分の胸のうちを聞いてほしい，注意を向けてほしいということの現われであると考えられます。その場合も，パーソナリティの問題とかたづけることなく対応することが求められます。その一方で，損傷を受けた脳の部位によっては，特異な人格障害を起こす場合もあり，これまでの性格とは関係なく，自発性や関心の低下や欠如，感情の不安定さなどの症状がみられる場合もあります。これらについては，心理的な防衛や不適応状態とは区別する必要があります。

Key word

パーソナリティの先鋭化

パーソナリティの生涯発達と適応

1) エリクソンの自我の発達課題とその妥当性　パーソナリティが生涯を通じて発達することを示唆したエリクソン（1959）（1章参照）は，人生をライフサイクルから8つの段階に区分し，それぞれの段階の心理社会的危機を経験することによって自我の発達が形成されると考えました。

老年期の発達課題は自我の「統合」です。「統合」とは，老年期の危機としての死を前にしてこれまでの人生を振りかえり，そこに意義や価値を見出し，自己を受容できると，落ち着いて死を受容することができるというものです。しかし，反対に，自分の人生を意味

コラム　エリクソンの「生涯発達課題」

エリック・H・エリクソン（E. H. Erikson）は，人間の生涯にわたるパーソナリティの発達について8つの段階を設定し，人間がどのようにそのときどきの危機を解決し，次の段階へと進んでいくかを明らかにしています。

エリクソンの提唱した8つの発達段階には，その段階ごとに心理社会的危機が示されています。彼は，人間は一生を通して，身体の成長と社会との相互作用によって新しい能力を獲得していくと考えています。そのために，能力の獲得においては，社会との摩擦は避けられず，心理社会的な危機が生ずるというのです。それを解決することが，各発達段階における発達課題になります。それらの心理社会的危機は，たとえば「信頼　対　不信」，「自律　対　恥・疑惑」というように対立的に示され，それぞれの危機が解決された場合と失敗した場合の状況をあらわしています。

表4-1　エリクソンの各発達段階と心理社会的危機

発達段階	心理社会的危機 （獲得される強さ）	獲得される能力（強さ）	重要な環境と対人関係
乳児期 0歳―1歳	基本的信頼　対　基本的不信 希望	養育者との相互性から得られる基本的信頼	母親的人物（養育者）
幼児前期 1歳―3歳	自律性　対　恥・疑惑 意志	自由な選択とセルフコントロールしようとする意志	親的人物（両親）
幼児後期 3歳―6歳	自主性　対　罪悪感 目的	目的を定め，自分の行動を遂行する勇気	基本的家族
学童期 6歳―12歳	勤勉性　対　劣等感 能力（コンピテンス）	知的，社会的，身体的技能における能力	近隣社会・学校
青年期	同一性　対　同一性の混乱 忠誠	個人的同一性（自分とは何か）集団的同一性（社会での役割）の獲得と維持	仲間集団と外集団 リーダーシップのモデル
成人前期	親和性　対　孤立 愛	親密な関係を永続的に形成する能力	親密なパートナー 性愛，競争，協力の関係
成人後期	生殖性　対　停滞 世話	次世代（子孫）への関心と世話する能力	家族（共有する家族） 社会（分担する労働）
老年期	統合性　対　絶望 知恵	死に直面し生（人生）への超然とした関心（受容）	人類，「私の種族」 次世代（孫世代）

のない無価値なものとして評価し自己を否定すると，もはや人生をやり直すことができないという焦燥感や苦しみに落ち，「絶望」するというものです。

　エリクソンの発達課題の妥当性を示した研究としては，リフ＆ハインク（C. D. Ryff & S. G. Heincke, 1983）があげられます。彼らは，成人後期におけるパーソナリティ形態の変化を，このエリクソンのモデルを使用して検討しています。過去・現在・未来について若年，中年，老年群に記述を求めたところ，「生殖性」は中年群で最も高く，さらに中年群では現在よりも将来において統合性が高くなりました。また，「統合」性は老年群で最も高くなり，エリクソンのいう中年期の課題である「生殖性」と老年期の「統合」を実証したのです。

　2）自己概念の性差と生涯発達　ところで，高齢者は自分自身をどのように評価しているのでしょうか。下仲（1988）は，家庭における自己と他者からみられる自己について，他の若い世代とともに，高齢者自身の評価を検討しています。それによると，老年期では他の世代に比べて肯定的で，とくに女性の自己認識は老年期が一番よく，現在の自分についても若い頃から徐々に肯定的な評価が増え，老年期でピークに達すると報告されています。

　さらに，下仲・中里（1999）は，東京都小金井市に住む高齢者の15年間における人格の縦断的研究をおこなっています。最初の測定時は70歳（422名）であり，それを80歳，85歳（90名）で比較しています。その結果，15年間の間に人格のある側面は変化し，他方，ある側面は安定を示し，また，それには性差があることが示されています。その研究によると，家庭内における自己認知や対人交流，現在の自己や人生の価値において肯定的に答えているのは女性の方が多く，過去の自己に対する評価は加齢とともに良くなりますが，未来の自己では加齢とともに否定的な評価へと変わっていきました。一方，安定していたのは，他者からみた自己と身体認知で，15年間肯定的評価を維持していたことが示されています。

Key word

パーソナリティの型と適応

　3）パーソナリティの型と適応　最後に，パーソナリティと老年期の適応との関係をみることにします。まず自己概念については，米国の研究（Ward, 1977）では，60歳以上の多くの人は自分を老年としてより中年と認知していることが見出されています。その一方で，自分自身を老年であると認知している場合，中年と認知している人に比べて人生の適応に多くの困難（たとえば，病気，活動性の低下，経済的悪化）を生じていることが報告されています。また，自我の強さと生存との関係については，70歳～80歳間で自我機能（自我の強度）を維持していた群は生存率が高く，一方70歳～80歳間で自我機能が低下した群では死亡率が高いことが示されました（下仲ら，1999）。

　さらに，適応との関係をパーソナリティの型の分類から見たもの

があります（Reichard et al., 1973 ; Neugarten et al., 1968）。ライカードらは，定年退職後の男性のどのようなパーソナリティのタイプ（人格特性，生活のスタイル，自他との関係，死への態度）が適応的であるかを検討し，5つの型に分類しています。

適応的なタイプは，1) 円熟型（自己・人生を受容し，未来志向的で，他者や社会とつながりを積極的にもつタイプ），2) ロッキングチェアー型（受身・安楽型で仕事から解放され人生を楽しむタイプ），3) 防衛型（老いを拒否し，老化への不安から仕事を完遂することで不安を排除しようとするタイプ）の3つです。

一方，不適応なタイプは，1) 外罰型（死の不安を抱え，人生の目標が達成できないことを他人のせいにして怒りをぶつけるタイプ），2) 内罰型（人生に対して自責的で，自分を罰している。自他への関心が低く受身的な態度を取り孤立するタイプ）があげられています。

これらの結果は，定年退職というライフイベントは本来ニュートラルな出来事ですが，個々のパーソナリティによって，その後の人生の過ごし方，適応の仕方に影響を及ぼすことを示しています。

以上の研究を概観すると，これまでいわれてきたネガティブな老人像とは異なり，老年期は相対的に安定して，適応的であることが示されています。また，縦断的研究からパーソナリティのいくつかの側面は安定的であり，また肯定的な変化と否定的変化の両方の可能性を示唆するものでした。とくに自我（自己）の発達の研究から，高齢者は人生最後のステージにおいても自我の成熟を成すことが示唆されています。つまり，パーソナリティは生涯にわたって発達する可能性があるといえるのです。

問　題
1　児童や青年がもつ高齢者のイメージとは，どのようなものでしたか。では，どのような経験が青年の否定的な高齢者のイメージを変化させることができるのでしょうか。
2　高齢者に対する人格の否定的属性があげられていたのは，どのような理由からですか。
3　高齢者自身は老年期の自分をどのようにみていましたか。
4　ライカードのパーソナリティのタイプと定年退職後の適応について述べなさい。

国家試験問題
■問題　性格や人格に関する次の記述のうち，最も適切なものを一つ選びなさい。
1　年を取ると，頑固とかケチとか涙もろいなど，いわゆる老化にともなう性格変化を示すようになる。
2　年を取ると，円熟とか好好爺などと評されるような，いわば，好ましい方向への人格の変化を示すものである。
3　三ツ子の魂百までも，などといわれるように，人生の初期

につくられた性格や人格は，高齢期になっても変わらないものである。
4 俗に親をみれば子どもがわかる，あるいは，子どもをみれば親がわかるといわれるように，性格や人格は，親子の間で遺伝的に規定されている可能性が大きい。
5 性格や人格は，年を取るとともに変わる部分もあれば変わらない部分もあり，その変化の仕方や方向などは，学問的にはっきり解明されてはいない。

■問題 アメリカの心理学者，ライカード（Reichard, S.）らは，定年退職後の男性高齢者について5つの人格特性を明らかにしたが，その説明として適切でないもの一つ選びなさい。
1 円熟型・・・定年退職後も毎日を建設的に暮らそうと努力し，積極的に社会参加をおこない，いろいろな趣味に関心をもつ。
2 安楽椅子型・・・仕事にはもはや興味はなく，定年退職後を歓迎しており，責任から解放され，十分満足している。
3 防衛型（装甲型）・・・仕事への責任感が弱く，仕事をやり遂げる努力が欠け，老化することの不安もなく，依存的になることに安心感を得ている。
4 外罰型（憤慨型）・・・自分の過去や老いているという事実を受け入れることができず，その結果，他者に対する攻撃や非難をする。
5 内罰型（自責型）・・・自分の人生を失敗とみなし，後悔や自己批判が強く，死を不満足な人生からの解放と受け取り，恐れていない。

文 献

Allport, G. W. 1951 *Personality: A Psychological interpretation.* London, Cousable & Company. G. W. オールポート 1982 パーソナリティ 詫摩武俊・青木孝悦・近藤由紀子・堀 正（訳）新曜社

Costa, P. T., Jr. et al. 1986 Cross-sectional studies of personality in a national sample: 2 stability in neuroticism, extraversion, and openness. *Psychology and Aging,* 1, 144-149.

原 等子・安川 緑・松井利仁 2000 高齢者福祉施設実習における学生の老人観の変化 老年社会科学，大会報告要旨号第22巻第2号．

Heckhausen, J., Dixon, R. A., & Baltes, P. B. 1989 Gains and losses in development throughout adulthood as perceived by different adult age groups. *Developmental Psychology,* 25, 109-121.

Helin, K. 1979 Attityder och stigande alder. *Carl Strom Attityder och aldrande symposium* Wenner-Gren Center; Stockholm

松田千登勢・長畑多代・佐瀬美恵子・臼井キミカ 2000 老人看護学実習における学生の老人観 老年社会科学，大会報告要旨号第22巻第2号．

室伏君士 1984 老年期の精神科臨床 金剛出版

中里克治・下仲順子 1989 成人前期から老年期にいたる不安の年齢変化 教育心理学研究，第37巻第2号，172-178.

Neugarten, B. The awareness of middle age. In B. Neugarten (Ed.), 1968 *Middle age and aging.* Chicago: University of Chicago Press.

沼山 博・寺田 晃 1999 青年が持つ「高齢者」に対する認識に関する研究 老年社

会科学　日本老年社会科学会　大会報告要旨号第21巻第2号.

大谷栄子他　1995　老人イメージと形成要因に関する調査研究（1）日本看護研究会雑誌，**18**(4), 25-38.

Reichard, S., Livson, F., & Petersen, P. G, 1973 Adjustment to retirement In B.L. Neugarten (Ed.) *Middle age and aging.* Chicago; University of Chicago Press.

Ryff, C. D., & Heincke, S. G. 1983 Subjective organization of personality in adulthood and aging. *Journal of Personality and Social Psychology,* **44**, 807-816.

Schaie, K. W., Labouvie-Vief, G., & Buech, B. U. 1973 Generation and cohort specific differences in adult cognitive functioning. *Developmental Psychology* **9**, 151-166.

下仲順子　1988　老人と人格　川島書店

下仲順子・中里克治　1999　老年期における人格の縦断研究―人格の安定性と変化及び生存との関係について―　教育心理学研究，第47巻第3号，293-304.

竹中星郎　1996　鏡の中の老人―痴呆の世界を生きる―　ワールドプランニング

Tuckman, J., & Lorge, I. 1953 Attitudes toward old people. *Journal of Social Psychology,* **37**, 249-260.

Ward, R. A. 1977 The impact of subjective age and stigma on older persons. *Journal of Gerontology,* **32**, 227-232.

5人のアモーリア（1920）

5

老年期の精神障害——器質性精神障害

老年期の精神障害

　老年期の精神障害というと，その代表例として認知症や老人性うつ病などがあげられます。これらの疾患は，認知症は器質性精神障害に，また老人性うつ病は機能性精神障害として分類することができます。この章では，まずはじめに，器質性精神障害の代表的な疾患である認知症について述べることにしましょう。

　認知症とは，一度発達した精神機能が脳の器質的障害により病的に低下した状態をいいます。認知症といわれる疾患は，その原因から大きく，脳器質の一次的病変によるものと他の疾患から続発する疾患に分けられます。前者の代表的な疾患がアルツハイマー型痴呆で，後者の代表的なものが脳血管性痴呆です。厚生労働省の報告によると，わが国では認知症のおよそ9割がアルツハイマー型痴呆と脳血管性痴呆で占められています。そのことからここでは，老年期に起こる代表的な疾患として，アルツハイマー型痴呆と脳血管性痴呆について概観し，さらに認知症の高齢者の「不適応行動」や「異常行動」を理解するために，その心理的側面について述べることにします。

Key word

アルツハイマー型痴呆

アルツハイマー型痴呆

　1906年，ドイツの精神医学者，A.アルツハイマーが，進行性の痴呆症状を呈した患者の死後解剖から，脳萎縮と老人斑の病理所見を報告し，のちにそれはアルツハイマー病と名づけられました。その後，アルツハイマー型痴呆は，65歳以前に発病する若年発症型（い

わゆるアルツハイマー病）と65歳以後に発病する型とに区別されていますが、両者は進行の速さが異なるもののいずれも進行性のもので、また神経病理学的な差異はなく、臨床的にも似た病像であることが見出されています。

アルツハイマー型痴呆の発病の原因は、これまでに一部遺伝子の関与が報告されていますが、全体的な解明には至っていません。しかし、病変のプロセスはかなり明らかになってきました。とはいえ、病理学的に解明された知見と臨床像の痴呆の程度との一致やそれらの関係についてはなお不明な点が多く、いっそうの解明が待たれます。

アルツハイマー型痴呆の有病率は、1990年の厚生省の資料では、60歳代では1％程度ですが、80歳以上では15％以上となり、高齢になるほど高率になります。今後の見通しとしては、わが国の平均寿命の伸びとともに後期高齢者が増えるなかで、アルツハイマー型はさらに増加する傾向にあるといえます。

脳血管性痴呆

脳血管性痴呆は、脳梗塞や頭蓋内出血などの脳血管障害の後遺症として起こる認知症状を示す疾患の総称ですが、脳血管障害によるものといっても、どれくらいの病巣の脳梗塞で、どこの領域が障害されているのかによって、その症状や進行の経過は変化します。脳血管性痴呆の特徴としては、「比較的急速に起こり、段階的に進行し、多少にかかわらず神経症状や意識障害を呈することがあり、記憶や知的機能の低下が一様でなく、日や時間によって症状が変動するため、まだら痴呆ともよばれ、人格の芯が比較的保たれており、感情や気分の動揺があり、とくに感情失禁が多い」といわれています（室伏、1985）。

脳血管性痴呆の有病率は、60歳代から増加し、80歳まででは男性にやや多く、80歳以降では女性が多くなる傾向にあります（大塚ら、1992）。

認知症とそのプロセス

アルツハイマー型痴呆の多くは、徐々に進行します。初期の段階として記憶障害を中心とした健忘期があり、その状態に続いて失見当や混乱反応などの知能障害を主にした混乱期がみられます。さらに高度の知能低下をみて、言語機能の喪失、失禁などの状態へと推移していきます。最終的には、手足が縮まった状態になり、寝たきりとなります。進行の速度は、速い場合2〜4年で終末を迎えますが、長い場合は十数年の経過を取ることもあります。とくに女性では長く、10年を超える経過が多く報告されています。

前に述べたように、アルツハイマー型痴呆の中核症状とは知的機能全般の低下のことですが、その知的機能の衰退のプロセスとはいかなるものなのでしょうか。初期に障害されるのは、短期記憶、月日の見当識の障害、計算、推論的操作を要する記憶などです。中度

Key word

脳血管性痴呆
知的機能の衰退

になると，古い記憶の部分的脱落や，年月日そして場所の見当識，すなわち，時間と場所，および，それに関連して周囲を正しく認識する機能に障害が起こります。それが重度になると，身のまわりの物の呼称もできなくなり，それまで比較的保たれていた長期記憶にも障害がおよびます。

一方，脳血管性痴呆のプロセスは，一般的には，初期に頭痛やめまい，四肢や頭のしびれが出現し，続いて言語障害という神経・精神症状が急激に目立つようになります。意識面ではせん妄，すなわち，錯覚や幻覚，軽度の意識障害をともなう状態がみられることも多く，感情の不安定さを示し，急激な混乱状態を起こします。脳血管性痴呆の場合，脳の障害の部位や病態によって症状が異なるので，その進行は一様ではありません。しかしながら，最終的には，その多くは，さきの混乱状態から次第に意識が減退し（鈍麻化），固定化していきます。

認知症高齢者の心理的特徴

Key word

夜間せん妄
徘徊

ところで，実際の臨床場面で認知症高齢者に対する看護や介護を困難にしているのは，中核的症状である知的機能の低下でなく，むしろ知的機能低下にともなう（夜間せん妄，幻覚，うつ状態，徘徊，不安焦燥状態や自傷行為などの）周辺症状にあるといわれています。介護や看護の現場で，このような精神症状にある高齢者をどのように受けとめ，理解したらいいのでしょうか。そのために，これらの副次的症状の背景にある認知症高齢者の心理的側面について言及していくことにしましょう。

認知症高齢者のなかには，自分の子どもに「どなたさまですか？」

コラム　老年認知症（痴呆）者のケア

認知症という病気を抱えながら生きている高齢者に，どのような態度で接すればよいのでしょうか。「認知症という病気のいちばんの薬は，心ある対応である」といわれています。また，適切な対応をするには，認知症という病気をよく知ることがとても大切です。

それでは，認知症高齢者をとりまく家族や介護にあたる専門職を含めた人びとにとって，心ある対応とは具体的になにを指すのでしょうか。室伏（1985）は，疾患を有する高齢者のケアの原則，すなわち，認知症高齢者に対する基本的態度について，具体的に以下のことをあげています。

老年認知症へのケアの原則（室伏，1985より）
Ⅰ　老人が生きてゆけるように不安を解消すること
　1）　急激な変化を避けること
　2）　老人にとって頼りの人となること
　3）　安心の場（情況）を与えること
　4）　なじみの仲間の集まりをつくること
　5）　老人を孤独にさせないこと
Ⅱ　老人の言動や心理をよく把握し対処すること
　6）　老人を尊重すること

という家族否認，年齢が逆行して，亡くなっているはずの親が生きており，自分が子どもの頃にもどっているかのような行動（退行）がみられたり，認知症高齢者同士の会話がおのおの一方的で意味をなさなかったり（偽会話），大事な時計が見当たらないのは嫁が盗ったからだと思いこみ，近所の人に言う作話性妄想などがみられます。このような行動から，よく認知症高齢者は「虚構の世界に生きている」とたとえられます。

では，虚構の世界に生きている高齢者の心理的側面とはいかなるものでしょうか。前に述べたように，認知症は徐々に進行し，知的機能の全体的低下をみますが，これまで正常であった機能がいっせいに欠落するのではなく，個人のなかで欠落と保持が混在している状態であるといえます。その混沌としたなかでいちばん動揺しているのは，認知症高齢者その人自身なのです。平静を保とうとして無関心を装い，忘れや理解ができない状態にあって，恥や自尊の感情を防衛するためにつじつまあわせの言動や行動をとるのです。それは知的な障害をかかえながらも，自分が住んでいる世界での認知症高齢者の精一杯の反応であるといえます。

ここまで，認知症高齢者の心理的特徴をいくつかあげましたが，ここからは具体的に一つの事例からみていくことにしましょう。

当時91歳（女性）Kさんは，明治生まれ，四国の出身で，老人病院の認知症デイケアの利用者です。アルツハイマー型と脳血管性型の混合型で，認知症の鑑別テスト，長谷川式改訂版による成績が9点で，重度のグループでケアを受けていました。Kさんとの出会いは突然でした。ある日昼休みに心理室のドアを勢いよく開けるなり，三味線をならしながら，自分の名前と出

---

7) 老人を理解すること
8) 老人と年代を同じにすること
9) 説得より納得をはかること
10) それぞれの老人の反応様式や行動パターンをよく把握し対処すること

Ⅲ 老人をあたたかくもてなすこと
11) 老人のよい点を見出し，よい点でつきあうこと
12) 老人を生活的・情況的にあつかうこと
13) 老人を蔑視，排除，拒否しないこと
14) 老人を窮地に追い込まないこと（叱責，矯正しつづけないこと）
15) 老人に対し感情的にならないこと

Ⅳ 老人に自分というものを得させるように（自己意識化）すること
16) 老人のペースに合わせること
17) 老人と行動をともにすること
18) 簡単にパターン化してくり返し教えること
19) 老人を寝こませないこと
20) 適切な刺激を少しずつでもたえず与えること

身地の口上を述べたのがきっかけでした。Kさんは日に焼けて91歳にしては頑強そうにみえました。まず椅子をすすめ，Kさんが落ち着くまで見守ることにしました。その後，Kさんは食後になると三味線をわきに下げて心理室に来るようになったのです。まっすぐ心理室を目がけて来るのではなく，片っ端から廊下に並ぶドアを開けて来るので彼女の来室はすぐわかります。何回目かの来室のとき，部屋の中央までいつものように三味線を鳴らして来ると，部屋にある机のパソコンをみて「ここは"コピー"があるからうるさくしてはいかんね。ごめんなさい」と言うのです。また，あるときは，Kさんは廊下にでると「これは会議室だね。スリッパは脱いでくださいとあるね」と説明し，廊下の向こうの施設長をみつけると「うちの息子や」と言い，また介護士をみて「娘だ。こわい」「ここにおいてきぼりにしないでくれ」と言うのです。グループではSさんという人だけに寄っていき「ともだちになろう」と何度も言っていたようです。話のなかでは「不安だから三味線もってきた。どこに行っていいかわからんから」と言いながら，「わたしは，あれが（ご主人が）亡くなってから（頭が）パーになった」などと話すことがありました。

　Kさんは人物や物，状況に対する誤認がありますが，自分の今いるところをなんとか自分なりに理解しようとしていました。一般的に認知症高齢者には，認知症の自覚がない，病識がないといわれていますが，ぼんやりと時間と対象が交錯する頭のなかで，そのときのまわりの対応や表情から違和感や不快感を感じている様子です。このような高齢者には，病識というはっきりとした認知はないにしても，違和感や不適応感に漠然と包まれている感じは見受けられ，このことから病感というものはあるように思われます。

　ところで室伏（1984）は，認知症の知的能力の低下について，自己洞察や自己批判という反省能力についても欠落が起こることを指摘してます。病前のように自分自身を意識したり，自己を振り返り反省し，適応的な態度をとることができなくなるということです。確かに，認知症が進行するほど，自己に対する意識や反省が一貫性を保つことは難しいようです。しかし，Kさんの事例では「ここはコピーが置いてあるからうるさくしてはいかんね，ごめんなさい」ということばやSさんのそばに行き話しかける様子から，まわりに対する配慮と対人関係への働きかけがみえます。この例からは，認知症の進行がある程度進んでいても，自分やまわりに対する意識はまったく欠落してしまうのではなく，障害はあっても自分や他者に対する認識は残っているようにみえます。

　また，Kさんは職員をみて娘や息子と言うなど，人の誤認があります。夫を亡くしたKさんは娘さんと同居していましたが，同居中，母娘関係が悪化し何度も切迫した状態があり，認知症の進行によりデイケアに連れて来られたのですが，そのときから女性の職員をみると不安といった情動をともなった反応がみられるようになりました。この「見捨てられ感」を補うように，今度は施設の壮年の男子職員をみると「うちの息子や，息子がきた」と喜び，離れて住んで

いる息子さんが迎えに来るという願望が，これらの人物の誤認として現れたと考えられるのです。またKさんに限らず，それまでの親子関係や対人関係のなかの心理的葛藤や残された課題が，認知症高齢者の会話やくり返しおこなわれる行動の端々に表現されることがあります。このように，その方の生活史や家族からその方の人となりを伺うことによって，認知症高齢者の一見異常とみえる行動が意味をなすことが多々あるのです。

このようにみていくと，認知症高齢者にみられる異常な言動は，単に認知症による知的機能の低下のせいだけでは理解することはできません。それまでに形成されてきた人格やその人をとりまく人間関係といった個人の心理的背景に目をむけ，認知症高齢者の話にじっくり耳を傾けることによって，認知症とともに在る高齢者の姿がうかびあがってくるのです。

問　題
1　器質性精神障害に分類される認知症とは，どのような病態を指しますか。
2　アルツハイマー型や脳血管性型の有病率は，今後どうなるといえますか。
3　認知症高齢者の心理的特徴をいくつかあげてみましょう。
4　認知症高齢者の不適応行動を理解するために，必要なことはなんでしょうか。

国家試験問題
■問題　認知症高齢者の知的な障害を示す症状として，適切でないものを一つ選びなさい。
1　記憶力障害
2　日時や人物などの見当識障害
3　計算力の低下
4　徘徊
5　理解力や判断力の低下

■問題　認知症高齢者の心理面への援助に関する次の記述のうち，適切なものの組み合わせを一つ選びなさい。
A　認知症高齢者の語ることばは，幼児語であったり，意味不明である場合も多いので，カウンセリングの原理はまったく役に立たない。
B　認知症高齢者の生活暦は，本人自身が忘れているので，援助に生かすことはできない。
C　認知症高齢者にもグループ回想法と個人回想法の二種類を適用できる。
D　認知症高齢者の心理面への援助においては，家族への支援も重要な意味をもつ。

（組み合わせ）
1　A　B
2　A　C
3　B　C
4　B　D
5　C　D

■問題　老人性認知症に関する記述のうち，適切なものに○，適切でないものに×をつけた場合，その組み合わせとして正しいものを一つ選びなさい。
A　脳の発達を終えた成人期に起こる知能障害である。
B　アルツハイマー型と脳血管性型に大別される。
C　アルツハイマー型の症状は，まず徘徊が現れ，徐々に進行する。
D　感情の鈍麻は，認知症がかなり進行してから現れることが多い。

（組み合わせ）
　　A　B　C　D
1　○　○　○　×
2　○　○　×　○
3　○　×　○　×
4　×　×　○　○
5　×　×　×　○

文　献

厚生省白書　1990
Lipowski, Z. J.　1978　Organic brain syndrome; A reformulation. *Comprehensive Psychiatry*, **19**, 309-322.
室伏君士　1984　老人期の精神科臨床　金剛出版
室伏君士　1985　痴呆老人の理解とケア　金剛出版
室伏君士（編）1990　老年期痴呆の医療と看護　金剛出版
大塚俊男ほか　1992　わが国の痴呆性老人の出現率　老年精神医学雑誌, 3, 435-439.
小澤　勲　1998　痴呆老人からみた世界—老年期痴呆の精神病理—　岩崎学術出版社

シルクの布に絵を描く芸術療法のための準備

6

老年期の精神障害—機能性精神障害

Key word

老年期うつ病
高齢者の自殺

老年期うつ病

　2002年8月横浜市でおこなわれた第12回世界精神医学会（WPA）において，わが国の自殺率は人口10万人当り25人で，世界第一位と発表されました。しかもそのなかで，およそ3分の2近くを占めているのが，50歳代と60歳代の自殺です。さらに，50歳代と60歳代の自殺は，この20年間にその比率を大きく高めているのです。

　その自殺の原因としては，病苦や家族問題があげられます。しかし，高齢者の自殺の要因として見逃すことができないことは，うつ病をはじめとする老年期の精神障害です。老年期になるとさまざまな身体的機能の衰退や疾患が顕著になります。また，配偶者や友人との離別，家族に対する精神的，経済的な依存も増大してきます。このような「衰退」と「喪失」にあらわされる老年期は，うつ病をはじめとする神経症や心身症の発症のための多くの要因を含んだ時期であるといえましょう。

　うつ病とは，抑うつ感情を中核とする症状をいいます。誰でも気持ちが落ち込んだり，憂うつな気分になることはありますが，しかし，うつ病であるかどうかは，1）睡眠，食欲などの低下という自律神経機能の障害をともなうか，2）「なにもする気にならない」といった意志力の著しい低下がみられるか，3）自殺企図や自殺念慮があるかどうか，4）さらに幻覚や妄想からくる混乱状態があるか，などの現実にそぐわない認識の有無が正常の範囲から逸脱しているかどうかを基準として考えることができます。

　老年期うつ病の有病率はおよそ1％から6％，男性に比べて女性

に多い傾向がみられます（飯田ら，1993）。また，厚生省（1993）の調査によると，高齢者のうつ病は，年齢的には，50歳頃から70歳代にかけて加齢とともに増大することがみられ，うつ病が老年期に多い精神疾患であることが示されています。

　老年期のうつ病の特徴として，まず若年発症のうつ病が遺伝的要因によって強く影響されるのに対し，老年期のうつ病は環境的要因や身体的疾患の影響が濃厚であるといわれています（木戸，1993等）。また，老年期のうつ病患者の発病状況では，「近親者の死亡」「家族内対人関係の葛藤や心配事」などの家庭内要因，次に「脳や身体の老化」の身体的要因，「職や仕事からの離脱」といった社会的要因などがあげられ，大きな比重を占めています。また，小林・西村（1993）によると，老年期のうつ状態では，うつ感情を主とするよりも意欲の低下や不安・焦燥感，心気的訴えが前景に出たり，身体的訴えを主とする仮面うつ病のかたちをとるようです。さらに，認知症の初期にもうつ状態はみられるものの，アルツハイマー型では進行とともにうつ症状は消失するが，脳血管性痴呆では身体的不調をいつまでも訴えることが多く，不安や焦燥感が持続するようです。

　老年期うつ病の高齢者のなかには，日常でほとんど自立した生活ができるのに，「頭がわるくなって覚えられない」というように記憶力や知的能力の低下を強く訴えることがあります。そのため痴呆状態と間違われることがしばしばあります。このような状態は「仮性痴呆」とよばれています。「仮性痴呆」の高齢者は，さらに質問をすると，考えるのが億劫な様子で「わからない」と答えることがよくあります。

うつ状態の高齢者への対応

　老年期において，心的喪失を強く経験することで抑うつ気分になり，さらには自責的，罪業的になって，抑うつ的傾向を深めていく高齢者にとって，周囲の暖かい支えが必要なことはいうまでもありません。また，治療としては，通常十分な休息をとらせ，抗うつ薬を中心とした薬物療法とともに，支持的・受容的な精神療法がおこなわれます。さらに，うつ病やうつ状態の高齢者への基本的対応として次のことがあげられます。

1) うつ状態にある高齢者に対しては，くり返される身体的不調や不安をじっくり忍耐強く聞く。罪業妄想や貧困妄想といった訴えに関しては途中で遮らず，自然な相槌をいれながらやさしいことばかけを心がける。
2) 心気的な訴えや薬の服用に関する心配などには，体の不調やうつ状態は治療によって次第に良くなることを保障し，安心させることも必要である。
3) 一方で，多少気分が良さそうでも何度も励ましたり，リハビリや気分転換をすぐに勧めることはかえって高齢者を焦らせることになるので，ゆっくり見守る気持ちでいることが大切である。

Key word

仮面うつ病
仮性痴呆
心的喪失

4) 施設やデイケアでの利用者との会話に「疲れている」「わからない」という返事が多く返ってくるときは，日常生活やデイケアのスケジュールを見直してゆるやかなものに変更するなど，まず高齢者の体調改善への努力を念頭におき，個々の高齢者の状態に柔軟に対応することが望まれる。
5) 家族や周囲の者と施設のスタッフ間で高齢者の状態や今後の予測について話し合いをもち，自宅やデイケア等で自殺の予防を心がけ，小さなサインを見逃さないように気をつける。

Key word
せん妄
幻視
幻聴

せん妄

せん妄は老年期に出現しやすい精神障害の一つです。せん妄は「広範な脳機能低下に基づく，一過性の認知障害によって特徴づけられる精神医学的症候群」と定義（DSM-Ⅳ）されています。一般的には，せん妄は軽度の意識障害であり，意識が混濁しているうえに，幻覚や妄想，反復行為，また精神活動も興奮している状態のことです。端的にいえば，「錯覚や幻覚が多く，軽度の意識障害をともなう

コラム　認知症とせん妄

せん妄は，症状だけをみると認知症との鑑別が困難です。高齢者では，それがせん妄であっても，「ぼけ」といわれ，さらに認知症疾患の高齢者にせん妄が生じると，認知症が進んだとみなされることがあります。脳の機能が障害された認知症と異なり，せん妄はいろいろな原因で起こり，それに応じた治療や対応によって改善することが可能であることがわかっています。竹中（1996）は，せん妄と認知症の特徴を知ることによって，両者を区別することができると述べています。

表　せん妄と認知症の特徴（竹中，1996より作成）

	せん妄	認知症
発症時	かなり具体的に特定できる	何年前の春頃というように漠然としか特定できない
可逆性	症状が消失すると，精神的な機能は回復する	非可逆性でありもとにもどることはほとんどない
症状の動揺性	日中は何でもないのに，夜になると生じたり，短時間でも症状が変化する	短時間で症状が変化することはなく一貫している
精神機能の階層性	昼は家族のことや自分がどこにいるかわかっているのに，夜になると時間も場所も家族の顔もわからなくなる。失禁，衣類が着られないなど，精神機能がいっきょに全般的に障害される	認知症状は，春は買い物に行けたが，秋にはそれができなくなるというように時間とともに経過し，また家族の名前は言えなくなったがトイレには自分で行けるというように，機能によって保持されているレベルが異なっている

このようなポイントを理解することによって，認知症高齢者にせん妄が生じたときにも，それを認知症の悪化ではなく，せん妄を疑うことができます。認知症の症状が，この1週間前から急に進んだ，また，その症状が良くなったり悪くなったりした場合，せん妄が生じたのかもしれないと考える必要があります。それらの症状を，医師など医療スタッフに相談することで，改善に導くことができるのです。

状態」をいいます。

　5章でもふれたように、認知症高齢者の多くにせん妄が認められます。せん妄は原因を特定することができるので、それによって治療が可能で、多くの場合、症状も改善することがわかっています。臨床の現場で認知症とせん妄が区別されていないため、「ぼけがすすんだ」とか「認知症は進行性だからしょうがない」というように、適切な対処がされないばかりか、放置されることもあります。このようなことを避けるためにも、とくに高齢者に関わる専門職として、せん妄について知ることはきわめて大切なことです。

　せん妄の状態としては、夜になると着るものを脱ぐ、裸のままうろうろする、仕事に行くあるいは家に帰るといって玄関に行ってドアーの鍵を開ける、台所のすみに行って用を足そうとする、といった「夜間せん妄」の言動が多く出現します。次に、虫が足から出てくる、動物がベッドにいる、亡くなった夫がふとんにいる、などの「幻視」、または「幻視」と似た症状もみられ、壁に目がある、仏壇のお供えや灯ろうが子どもや人にみえる、といったこともあります。音や声が断片的に聞こえる「幻聴」、大事にしている巾着の中身を何度も出したりしまったりする、トイレに何度もいったりする、などのくり返し行動などもみられます。

　これらの症状は、認知症高齢者を介護や看護する側にとって負担となり、夜通し注意が必要となるため、介護者の身体的疲労だけでなく精神的にも疲弊していきます。このように、せん妄は認知症高齢者の介護や看護に不安や混乱をもたらすので、高齢者は適当なケアが施されないまま、ときには手足を抑制されたり、体を拘束されたりします。それによって認知症高齢者の興奮や不安はさらに高まり、混乱をまねくという悪循環になることもあります。

　では、せん妄はどうして起こるのでしょうか。認知症と異なり、せん妄の原因は多くの場合特定できるといいます。竹中（1996）によると、高齢者では、1）身体的な異常、2）薬、3）心理的要因、が3大要因としてあげられます。1）の身体的な異常では、脳梗塞や脳炎が多く、その他に肺炎や心不全、低・高血糖、肝硬変などの病気でせん妄が生じます。2）の薬では、高齢者で治療として使われる薬によっても、せん妄が生じることがわかっています。高齢者で多い薬害に、パーキンソン病薬、睡眠薬、精神安定薬等があげられます。薬の副作用によるせん妄の場合、大半が使いはじめてから数日以内で現れるといわれています。そのために、周囲の者が日頃から薬の服用についても関心をもつことが重要です。さらに、3）の心理的要因としては、日常の変化（出来事）によって起こる不安や困惑、怒りといったことでも、せん妄は生じます。施設への入所（引越し）や入院、旅行などの生活環境の変化や配偶者の死や法事をきっかけにしたものや、ちょっとした家族との諍いや病院・施設での人間関係の摩擦などが心理的負荷となって、せん妄を生じさせます。また、風邪をひいた、水分補給が十分でないなど体のバランスが崩れたといったことでも、せん妄を引き起こすことがあります。これらのこ

とは，高齢者のまわりにいる家族等と医療機関のスタッフが連携し，その症状を改善に導くようにしなければなりません。

また，実際にせん妄状態にある高齢者に対しては，明るい所に誘導し，ゆっくりした体勢で10分から15分，高齢者の話に黙って耳を傾けることが大切です。その場合，途中で勘違いや誤りを訂正せず，最後まで落ち着きをもって聞く態度をとれば，高齢者の興奮や混乱，不安な気持ちをやわらげ，高齢者に安心感をもたらします。

老年期神経症

Key word
老年期神経症

老年期の神経症の代表的なものとして，「抑うつ神経症」「不安神経症」「心気神経症」があります。また，老年期の神経症の有病率については，これまでの調査では1%から10%前後とかなりの幅があります。これについては，神経症の概念の変遷や老年期神経症の特徴を把握することの困難さが，その背景にあると考えられます。その一方で，老年期の神経症に共通する認識として，身体的・環境的・性格的・心理的要因などから総合的に理解するべきであるという見方があるようです。老年期神経症を引き起こす要因として，具体的には，身体疾患に関することの不安，配偶者や近親者との死別，まわりとの希薄な人間関係，退職や身体的な衰退などにともなう役割喪失といった状況があります。これらの心理・社会的要因が不安や恐れや寂しさという心的反応を生じさせ，老年期の神経症の発症に大きく影響していると考えられます。

老年期神経症の発症の心理的な特徴については，「一見ささいな日常的出来事が人間的な絆や身体的健康を損なうおそれを刺激し，老いの自覚を一気に強めることや，この老いの自覚がそれまで意識外に排除されていた生活や自己イメージ喪失の不安を表面化させることにより，その防衛として神経症機制が働き，神経症状が出現する（武藤・吉松，1991）」と説明されています。

老年期神経症では，症状や訴えに個別性が高いので，高齢者への対応や支援も一人一人の状態に沿ったものでなければなりませんが，基本的には，抑うつ状態の対応で述べたような支持的な態度で応対することが肝要です。

問　題

1　高齢者の自殺の要因として，どのようなことがあげられていますか。
2　老年期のうつ病の特徴を述べなさい。
3　うつ状態にある高齢者の対応として，基本的な事柄をあげてみましょう。
4　せん妄と認知症を区別して理解することの意義を述べなさい。

国家試験問題

■問題　高齢者にみられるせん妄に関する次の記述のうち，適切でないものを一つ選びなさい。

1 見当識は保たれている。
2 脱水も原因となる。
3 夜間に多い。
4 錯覚がみられる。
5 興奮がみられる。

■問題 老年期のうつ病に関する次の記述のうち，適切でないものを一つ選びなさい。
1 自責的な考えをもつことがある。
2 自殺念慮や自殺企図がみられることがある。
3 青年期に比べ病気の周期が短く，再発することが少ない。
4 不安や焦燥感がみられることがある。
5 身体の不調を訴えることがある。

■問題 せん妄状態にあるMさんの介護に関する次の記述のうち，適切なものに○，適切でないものに×をつけた場合，その組み合わせとして正しいものを一つ選びなさい。
A 光や音などの刺激をできるだけ少なくし，静かな環境をつくる。
B 幻覚に対しては，現実には起こっていないことを一つ一つ説明し，修正する。
C 夜間よく眠れるように，昼間適度な活動をして過ごすように支援する。
D Mさんの恐怖感を受けとめ，穏やかで静かな調子で対応する。

（組み合わせ）

	A	B	C	D
1	○	○	×	×
2	○	×	○	○
3	×	○	○	×
4	×	○	×	○
5	×	×	○	○

文献

飯田　眞・佐藤　聡・佐藤　新・上原　徹　1993　老年期うつ病の治療をめぐる臨床的諸問題　老年精神医学雑誌，第4巻第8号，871-881．

小林敏子・西村　健　1993　老年期のうつ病と介護　老年精神医学雑誌，第4巻第8号，905-909．

木戸又三　1993　遷延化をめぐって―抗うつ治療と身体疾患―　老年精神医学雑誌，第4巻第8号，883-888．

厚生省　1993　人口動態統計

武藤　隆・吉松和哉　1991　老年期神経症の病態　老年精神医学雑誌，第2巻第2号，170-178．

大塚俊男ほか　1992　わが国の痴呆性老人の出現率　老年精神医学雑誌，第3巻，435-439．

竹中星郎　1996　鏡のなかの老人―痴呆の世界を生きる―　ワールドプランニング

7

高齢者の心理検査

Key word

心理アセスメント

心理アセスメントとは

医療，福祉，保健の現場で臨床心理士がおこなう重要な業務の一つに，心理アセスメント（psychological assessment）があります。心理アセスメント（査定）とは，「対象となる人びとについて，臨床心理学的手続きによって情報を収集し，これを通して個人の特性を推測し，あるいは，個人の行動を予測すること」です。この臨床心理学的手続きには，心理検査，行動観察，面接などがあります。医療・福祉の現場において他の職種とその職域が重なることが多い臨床心理士にとって，心理検査はその独自性を発揮できる領域です。またチームアプローチが中心となる高齢者臨床のなかの心理検査とは，そこでの仕事の目的・内容に沿い，対象の属性や特性を考慮したうえでおこなわれる必要があります。臨床現場で心理検査が有効となるには，医療スタッフの心理検査に対する理解が必要で，実施後の報告を工夫することや，ケース会議でいかにそれを利用するかを検討することが大切です。この章では，高齢者を対象とした心理検査について，目的別に使用頻度の高い心理テストをあげ，施行における留意点を述べることにします。

心理検査の目的と方法

高齢者に対する心理検査は，臨床心理士や医師によるきちんとした見立てや目的をもって，器質的な障害の鑑別や，心理的不適応状態を明らかにするために使用されるものですが，その目的や方法によって次のように分けることができます。

1) 目的
 ① 器質的な障害のスクリーニング（認知症（痴呆）や認知障害の側面，神経症や器質性精神疾患の鑑別）
 ② 障害のプロフィールの把握（心理機能のどの側面が低下し，どの側面の機能維持がみられるか，症状変化の予測）
 ③ 心理的支援（心理療法，環境調整を含む）の検討（不適応状態の心理的要因と適応状態に必要な支援の検討など）

2) 方法
 ① 質問式（質問法・投影法）の評価尺度を用いる
 ② 行動観察式の評価尺度を用いる
 ③ インテーク面接（病歴，生活歴など），経過面接の評価

また，高齢者に使用される心理検査には，1) 認知症の鑑別や記憶力の低下を知るための知的・認知機能検査，2) クライエントの認知症状を高齢者の日常生活の様子から評価する行動観察尺度，3) 老年期うつ病や機能的疾患を評価するための人格検査などがあります。

認知症スクリーニングテスト

それでは，まず，痴呆スクリーニングに使用される，知能・認知機能テストと行動観察尺度について，主なテストをあげることにします。

(1) ウェクスラー成人知能検査改訂版（WAIS-R）

成人用知能テストの代表的なものが，ウェクスラー成人知能検査改訂版（Wechsler Adult Intelligence Scale-Revised；WAIS-R）です。WAIS-R検査は言語性検査と動作性検査の合わせて11の下位検査から構成され，全検査のIQと言語性と動作性のIQを算出し，それぞれの評価点のプロフィールを出します。WAIS-R検査は，信頼性も高く，基準年齢群が設定されているため対象者の評価点の比較が可能で，知的機能の各側面の低下と維持のバランスをみるのに有効な検査です。しかし，一般に全検査を施行するためにはかなりの時間を要するため，認知症の鑑別が目的となる場合は，高齢者の疲労を考えておこなうことが肝要です。

わが国でよく用いられている老人知能テストには，WAIS-Rの他に改訂長谷川式簡易知能評価スケール，国立精研式痴呆スクリーニング・テスト，Mini-Mental State（MMS），N式精神機能検査などがあります。また，薬効評価にはADAS（Alzheimer's Disease Assessment Scale）が標準的な評価法として国際的に利用されています。

(2) 改訂長谷川式簡易知能評価スケール（HDS-R）

長谷川式簡易知能評価スケールは，わが国で最も普及している老人用知能テストで，1991年に改訂版が作成されました。「年齢」「日

Key word

認知症スクリーニング
ウェクスラー成人知能検査改訂版
改訂長谷川式簡易知能評価スケール

時の見当識」「場所の見当識」「3つの言葉の銘記」「計算」「数字の逆唱」「3つの言葉の遅延再生」「5つの物品記銘」「言葉の流暢性」の9項目の課題で構成されています。認知症では，まず「記銘」「計算」「逆唱」の正当率から低下します。

　最高得点は30点で，20点以下を痴呆とします。重症度と得点の関係は，

　　24.45 ± 3.60 点：非認知症群
　　17.85 ± 4.00 点：軽度認知症群
　　14.10 ± 2.83 点：中等度認知症群
　　 9.23 ± 4.46 点：やや高度認知症群
　　 4.75 ± 2.95 点：高度認知症群

とされています（加藤ら，1991）。HDS-R得点と年齢，教育歴との間には相関関係は認められていません。

Key word

MMSE

(3) ミニメンタルステイツ：Mini-Mental State Examination（MMSE）

　1975年にフォルステン（M. F. Folstein）らが認知障害を測定することを目的として考案したテストです。テストは11項目から構成されていますが，老年認知症の場合，まず「5分後の想起」「計算」「見当識・時間」「見当識・場所」「図形の模写」「口頭命令」の順で低下し，一方「物品の命名」「文の復唱」「書字命令」などの領域は重度になるまで維持されることが示されています（小林ら，1987；金子，1995等）。

　満点は30点で，点が低いほど認知障害が推定されます。フォルステンらによれば，MMSの総合得点が20点以下では，認知症，せん妄，統合失調症，感情障害の可能性が高いことを報告しています。MMSE日本版では，正常老人のMMS平均得点は27.6 ± 1.7点であり，認知症と非認知症の鑑別点は23／24点となっています（大塚ら，1991）。また得点が加齢や教育歴の影響を受けやすいことが指摘されています。

(4) Functional Assessment Staging（FAST）

　FASTは1984年リースバーグ（Reisberg）らによって考案され，7段階評定で，アルツハイマー型の重症度評価に用いられているものです。対象者の日常生活機能と評価対象者の能力と対照して認知症の進行段階を判定します。

(5) Clinical Dementia Rating（CDR）

　CDRは行動評価法として，1982年にヒューズ（C. P. Hughes）らによって作成されました。「記憶」「見当識」「判断力と問題解決」「社会適応」「家族状況および趣味・関心」「パーソナルケア」の6項目から構成され，「健康」から「重度認知症」まで5段階で評価します。

　高齢者の知的・認知機能の検査をする場合，一般的な知能の診断と認知症のスクリーニングは通常分けておこなわれています。

WAIS-Rの施行には時間を要するため，認知症高齢者の鑑別が目的の場合，高齢者の疲労を考慮して分けておこなうか，上記の認知症スクリーニングを使用する方がよいでしょう。また，軽度の認知症の鑑別では，アルツハイマー型と意識障害やうつ病との判別が難しいため，認知症スクリーニングテストだけでなく，テスト中の対象者の反応をよく観察しておこなうことが重要です。さらに以前の状態や経過を行動評価法やADL（Activities of Daily Living；日常生活動作）評価から検討し，他の検査とのテスト・バッテリーを組むなどして，総合的にアセスメントすることが必要です。

パーソナリティテスト

次に，人格検査（パーソナリティテスト）をみてみましょう。

パーソナリティテストは，4章の「高齢者のパーソナリティ」でも述べたように，その人の人格や心理的特性および行動の特徴をみるもので，質問紙法と投影法に分けられます。

1）投影法のパーソナリティテスト

パーソナリティテストのうち，ロールシャッハ・テストはインクのしみが「なにに見えるか」を問うもので，GATやSATはTAT（Thematic Apperception Test）という絵画統覚検査の高齢者版です。これらのテストは，人物を含む場面図版に基づいて空想的な物語を話してもらい，曖昧な一定の刺激から得られた被検者の多様な応答を心の内面の投影と考え，対象者の性格傾向や心理状態，精神力動を推測し解釈する方法です。このテストの長所としては，「刺激が曖昧なために，被検者が意識的に回答を歪める可能性が少ないことや，全体として1つのまとまりをもっているパーソナリティ特性の有機的関連が構造的に明らかになりやすい」などをあげることができます。一方，短所としては，「注意深く標準化された質問紙法に比較して客観化しにくいことや整理や解釈が複雑で熟練を要する」ことなどが考えられます。

（1）ロールシャッハ・テスト（Rorschach Test）

ロールシャッハ・テストは，ロールシャッハ（H. Rorschach）が1921年に発表した投影法の代表的な心理テストです。広い年齢範囲での使用が可能であり，高齢者では一般の人から痴呆性疾患を有する人まで施行することができます。

実施法は，白紙の上にインクを落とし2つ折りにして開いた左右対称の図形の10枚のカード（5枚は無彩色，5枚は色彩，うち3枚は全色彩のカード）を一定の順序で「なにに見えるか」「なにに似ているように思うか」を答えてもらうものです。このようにして図版のどこ（領域：全体，部分）を，どのような特徴（決定因：形態，色彩，濃淡，運動感など）から何（内容：人，動物など）に意味づけたかを質問し，スコア化します。

このような漠然とした図形の見え方や感じ方を通して，知的側面，

Key word

ADL
パーソナリティテスト
投影法

情緒的側面，自我機能の側面から被検者の心理状態を検討し，人格構造を力動的に解釈するのです。

下仲（1978）は，成人群と正常老人群と認知症老人群の3群を対象にロールシャッハ・テストを実施し，その結果から比較して「精神的老化サイン」を仮定しています。たとえば，反応数（反応数は柔軟思考，生産的能力を反映）では，成人群＞正常老人群＞認知症老人群の順で減少します。また，反応内容の広がり（CR）は，成人群と正常老人群は同じですが，認知症老人群では減少し，さらに認知症老人群では，その特徴として，関心の幅が狭く，一つのことに固執しやすいことがわかっています。その他の研究からも，認知症老人群では，1）生産的創造的思考の貧困化，2）感情情緒面の豊かさの低下（感情鈍麻），3）対人関心における順応力の低さ，興味，関心の狭小化，4）知的低下だけでなく情緒的低下をともなった人格の退行が見出されています（下仲・中里，1991）。

(2) GAT, SAT

TAT（絵画統覚検査）の課題は，人物や場面を描かれている絵について，被検者が過去-現在-未来を含む物語を空想して物語をつくります。その解釈法は，マーレィ（H. A. Murray）の欲求と圧力の分類項目にしたがって，その内容から主人公が無意識に何を欲求し行動しているか，主人公の内的状態にどのような社会的圧力があるか，人間関係における葛藤やテーマはなにかを読み取っていくものです。GAT（高齢者統覚検査：The Gerontological Apperception Test）は，TATの高齢者版として，1973年にウォルクら（R. L. Wolk & R. B. Wolk）が考案したものです。刺激図絵は，すべて高齢者を含んでいます。同様の高齢者統覚検査として，GATのほかにSATやPAAM（日下，1999）があります。

(3) バウムテスト

バウムテストは，コッホ（K. Koch, 1957）によって考案された投影法の心理テストです。A4判の画用紙と4Bの鉛筆，消しゴムを用意し，「実のなる木を描いてください」と指示して実施します。被検者の意識下の心理状態を知ることができ，また発達テストや治療やリハビリテーションの経過を知るうえでも有効です。加齢による心理的変化や老年期痴呆や老年期の疾患における知的機能の衰退状況や心理状態を知るうえでも有用なテストです（国吉ら，1980）。

バウムテストの解釈は，基本的に次の3側面，1）形態分析的側面（発達的側面または衰退的側面），2）動態的分析側面，3）空間象徴的解釈から分析しておこないます。

パーソナリティテストの実施にあたっては，高齢者の心理的条件（気分・意欲）に留意する必要があります。高齢者のテストに対する緊張状態を緩和し安心感が得られるように，テスターが被検者とのラポールを築くことが大切です。

Key word

GAT（高齢者統覚検査）
バウムテスト

ところで，高齢者の臨床場面では痴呆とうつ病の鑑別が重要で，それに対しては，抑うつ尺度を使用することがあります。抑うつ尺度には，主なものとして自己評価のSDS尺度と他者評価のハミルトンうつ病評価尺度（HRS）の2つがあります。

2）質問紙法によるうつ状態評価尺度
（4）Zung's self rating depression scale（SDS）
　SDSはヅァンク（W. W. K. Zung）によって1965年に考案され，うつ状態にともなう全身倦怠感，睡眠障害，食欲不振，性欲低下などの身体的愁訴とうつ病特有の日内変動から構成されています。「い

コラム　高齢者を対象とした心理検査

表　高齢者を対象とした心理アセスメントで使用される心理検査の種類
（1）知的・認知機能検査
　①認知症スクリーニングテスト
　　・ミニメンタルステイツ：Mini-Mental state Examination（MMSE）
　　・改訂長谷川式簡易知能評価スケール（HDS-R）
　　・N式精神機能検査
　　・国立精研式精神機能検査
　　・ウェクスラー成人知能検査改訂版（WAIS-R）
　②記憶検査
　　・ウェクスラー記憶検査改訂版（WMS-R）
　　・ベントン視覚記銘力検査（BVMT）
　　・脳研式（三宅式）記銘力検査
　③神経心理学的検査
　　・ベンダー・ゲシュタルト・テスト（BGT）
（2）行動観察尺度
　①認知症疾患
　　・Clinical dementia Rating（CDR）
　　・柄澤式老人知能臨床判定基準
　　・GBSスケール
　②日常生活動作能力（ADL）
　　・Instrumental Activities of Daily Living Scale
　　・Physical Self- Maintenance Scale
　　・N式検査
（3）人格検査
　①投影法
　　・ロールシャッハ・テスト
　　・The Gerontological Apperception Test（GAT），SAT，PAAMなど
　　・バウムテスト
　　・文章完成テスト（SCT）
　②質問紙法
　　・うつ評価尺度：Zungの自己評価うつ症状スケール
　　・ハミルトン抑うつ評価尺度HRS
　　・不安テスト：MAS（顕在性不安検査）

Key word

抑うつ尺度

つも」「しばしば」「ときどき」「めったにない」の4件法で回答を求める自己評価式の抑うつ尺度です。合計得点をSDS得点とし，最高80点，最低20点で，合計得点が50点以上のものをうつ状態が顕著であると判定します。

　うつ病症状は，他者評価尺度より自己評価尺度に反映される場合がありますが，一方で自己評価であるため，疾病利得傾向のある患者やヒステリー性格者ではSDS得点が高くなり，抑制の強い患者では低くなる傾向がみられます。さらに，笠原ら（1991）によれば，このスケールで40点以上の高得点を示した19％の高齢者で臨床的にうつ状態とみなされた人がほとんどいなかったことが報告されています。うつ病疾患のスクリーニングとして使用する場合，高齢者ではとくに慎重を期する必要があります。

　　（5）ハミルトン抑うつ評価尺度：Hamilton rating scale for depression（HRS）

　HRSは，1960年にハミルトン（M. Hamilton, 1960）が作成した他者評価式のうつ病評価尺度です。

　基本的には「徴候なし」から「極度」までの5段階で評定します。

コラム　スウェーデンの老人専門病院―ADL評価

　スウェーデンの老人医療専門病院は，エーデル改革後，高齢者が自宅でリハビリが受けられるように，リハビリチームも在宅派遣しています。チームは，作業療法士，理学療法士，看護師，医師，カウンセラーから編成されています。

　著者は，2002年の8月に，ストックホルム県にあるナッカ（Nacka）老人専門病院を訪れました。この病院は，1フロアに20名の患者と3名の看護師，4名の看護助手が日常の医療ケアにあたっています。ナッカ老人病院全体で，12名の作業療法士と5名の理学療法士が働いており，リハビリに力を入れていることがわかります。残念ながら常勤の臨床心理士はいませんでしたが，相談業務担当としてソーシャルワーカーが2名配置されていました。私は作業療法士のテリヤスさんに同行し，まず地下の倉庫にリハビリに必要な補助器具を見せてもらいました。そこには自宅でリハビリをしながら生活するためのあらゆる器具が保管されており，作業療法士や理学療法士が必要な器具を必要な人に助言して，すべて無料で貸し出されるということでした（写真）。ここでは，患者の退院前に作業療法士と理学療法士が患者とともに家に行き，自宅でどのように自立できるか，そのためにはなにが必要かなどを細かく査定して，自宅におけるリハビリ計画を立てます。

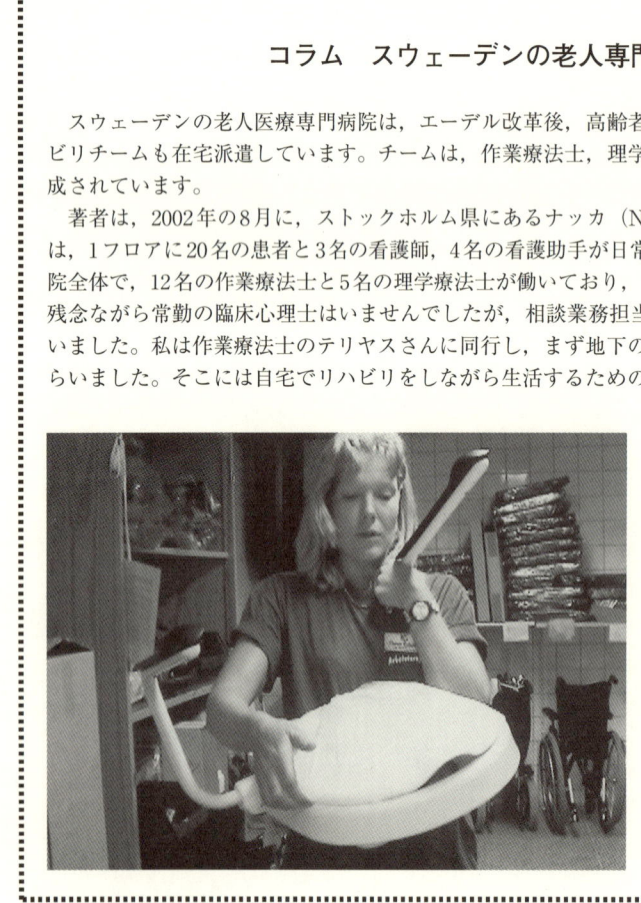

　病棟の様子：病棟の患者の部屋は3人，個室などに分かれていましたが，部屋ごとにかなり広い洗面・バスルームが設置されていました。患者は朝起きて，作業療法士か看護師の誘導の下で洗面します。作業療法士はそのときに患者がどのくらい機能が回復し，どのようなヘルプが必要なのか細かく評価しています。その部屋の患者の一人であるルースさ

HRS得点について，次のように程度が判定されています。5〜10点：軽度のうつ状態，11〜19点：中等度，20点以上：重度，30点以上：面接も困難な重篤なうつ状態，また，笠原は次のように評価しています。15.5±4.6点：軽症うつ病，25.6±6.6点：中等度以上のうつ病。

HRSはうつ症状の重篤度を量的に評価できるため，患者のうつ状態の経緯や抗うつ剤の薬効判定などには，この評定法が使用されることが多いようです。

心理検査における留意点

これまで各心理検査の目的と内容，および施行するうえでの注意点について述べてきましたが，最後に高齢者の心理検査をおこなう際の共通した留意点を，松田（1998）を参考にまとめることにします。

1) 高齢者に心理検査をおこなう場合，検査課題の説明や教示はていねいに，わかりやすくおこないます。大きな声でゆっくりと話し，同時に2つ以上の指示をしないことがあげられます。

んの洗面の様子を観察させてもらいました。彼女は脳梗塞で10日前に入院し，体の片側が麻痺していました。ルースさんは，ベッドからおり車椅子で洗面所の前まで移動し，タオルで顔をふき，なんとか歯を磨き，髪を整えて鏡の前でにっこりしました。テリヤスさんはその間，詳細にADLをチェックしていました。テリヤスさんはその様子について看護師と話合い，ADLのチェックリストに，できる項目とできない項目に分けて記入し，再びルースさんの所に行って，その表の説明をしました。ルースさんはすぐに自分の回復の様子がフィードバックされるので，リハビリに意欲を感じているようでした。ナッカ病院の様子を観察して心に残ったこととして，1つは高齢者の回復，自立のために看護師やその他の専門職がきわめて密に連携していることでした。2つ目は，病院の中に患者だけでなく医療従事者が憩う場所が有り，観葉植物の棚が並び，くつろぐためのソファが廊下に置かれていました。また，週に2回は働いている人のためにお菓子やフルーツがテーブルに盛られ，高齢者の病棟の廊下に数種類のジュースの小さなバーが設置され，自由に飲めるようになっているなど，病院で働く環境がとても豊かなことでした。3つめは，テラピー室のなかに居間やキッチンが置かれ（写真），そこでも手段的ADLの評価ができるようになっていたことです。テリヤスさんは，できるだけ日常に近い環境で患者の自立度を評価し助言することが重要なことだと説明しました。4つめは，会議室に遠隔地と会議できる最新メディア設置され，患者の情報がとても細かくデータ入力され，プログラムに沿って管理されていることでした。スウェーデンの合理性を改めて認識して病院を後にしました。

2) 検査中に行動観察をおこない，対象者の課題への取り組み方やミスの仕方や反応についての情報を把握することは，検査結果を解釈するうえで重要となります。
3) 検査終了時には，検査を受けてくれたことに対するねぎらいや検査結果を不安に思う気持ちを和らげるような態度を示すことも大切なことです。
4) 検査の評価や解釈のなかで，どの機能が障害され，どの側面が保たれているかを把握し，心理機能の障害プロフィールを明らかにします。テスターはその結果を対象者やスタッフが理解しやすいように具体的なことばで説明します。
5) 検査のフィードバックについては，対象者本人とその家族に検査結果をわかりやすく誠実に説明する必要があります。また検査結果を報告書としてまとめるときは，専門用語を多用せず，心理検査の限界を念頭におき拡大解釈はさけて，できるだけ箇条書きにして記録し，保管するようにします。

問題

1 心理検査には，おもに3つの目的があります。それらの目的について述べなさい。
2 認知症の鑑別に使用されるテストには，どのようなものがありますか。
3 高齢者を対象とした人格検査うち，投影法と質問紙法のテストをそれぞれあげなさい。
4 高齢者を対象とした心理検査における留意点について述べなさい。

国家試験問題

■問題 認知症高齢者への心理検査に関する次の記述のうち，誤っているものを一つ選びなさい。
1 検査を最良の状態でおこなうためには，検査者と被験者との信頼関係が必要である。
2 検査結果を評価するにあたっては，視力や聴力の機能障害や，寝たきり状態などの影響について考慮する。
3 改訂長谷川式簡易知能評価スケールは，認知症の程度を調べる簡単な方法である。
4 知的機能検査では，被験者の教育歴が検査結果に影響することはない。
5 被験者を適度に励ましたり，質問項目を日常の会話のなかに織り込むことは必要だが，ヒントなどを与えないように注意する。

文 献

Folstein, M. F., Folstein, S. F., McHugh, P. R. 1975 大塚俊男・本間 昭（監）1991 知的機能検査の手引き ワールドプランニング（Folstein, M. F., & Folstein, S. F., McHugh, P. R. 1975 "Mini-Mental State"; A practical method for grading the cognitive state of patients for the clinician. *Journal of Psychiatric Research*, **12**, 189-198.）

福永知子・西村　健・播口之朗他　1988　新しい老人用精神機能検査の作成；N式精神機能検査　老年精神医学，**5**，221.

Hamilton, M. 1960　西村　健（監修）小林敏子・福永知子　1995　痴呆性老人の心理と対応　ワールドプランニング（Hamilton, M. 1960 A rating scale for depression. *Journal of Neural Neurosurgery Psychiatry*, **23**, 56-62.）

笠原洋勇・小林　充・井上栄吉・藤本英生・須江洋成・野中和俊　1991　老年期神経症の疫学と発症要因　老年精神医学雑誌，第2巻第2号，153-162.

金子満雄　1995　早期痴呆症例に対する脳活性化訓練とその効果　老年期痴呆の早期診断と治療マニュアル　エイジングライフ研究所　pp.266-329.

加藤伸司・長谷川和夫ほか　1991　改訂長谷川式簡易知能評価スケール（HDS-R）の作成　老年精神医学雑誌，第2巻，1339-1347.

小林敏子・西村　健　1987　アルツハイマー型痴呆の精神機能衰退の経過について　日本老年医学会

Koch, K. 1957　林　勝造・国吉政一ほか訳　1970 バウムテスト；樹木画による人格診断法　日本文化社（Koch, K. 1957 *Der Baumtest; Der Beziehungsversuch als Psychodiagnostisches Hilsmittel*. 3. Aufl. Hans Huber, Bern Stuttgart Wein.）

国吉政一・林　勝造ほか　1980　バウムテスト整理表 日本文化科学社

松田　修　1998　第2章　高齢者の心理アセスメント　黒川由紀子（編）老いの臨床心理　日本評論社

大塚俊男・本間　昭（監）1991　知的機能検査の手引き　ワールドプランニング

下仲順子　1978　加齢及び精神老化よりみた老人のロールシャッハ反応　ロールシャッハ研究 XX，69-83.

下仲順子・中里克治　1991　老人のロールシャッハ反応における加齢と痴呆要因の研究　ロールシャッハ研究，**33**，129-144.

品川不二郎・小林重雄・藤田和弘・前川久男　1990　日本版 WAIS-R 成人知能検査　日本文化科学社

Zung, W. K. 1965　西村　健（監修）小林敏子・福永知子　1995　痴呆性老人の心理と対応　ワールドプランニング（Zung, W. K. 1965 A self-rating depression scale. *Archives of General Psychiatry*, **12**, 63-70.）

大塚俊男・丸山　晋ほか　1985　痴呆スクリーニング・テストの開発に関する研究 精神衛生研究，**32**，39-48.

下仲順子　1984　老年期痴呆の人格診断　老年精神医学雑誌，第3巻，331-342.

下仲順子・中里克治　1981　老人の記憶機能を測定するテストの作成　教育心理学研究，**26**，240-244.

杉下守弘　1993　神経心理学的アセスメント　上里一郎（監）心理アセスメント・ハンドブック　西村書店　pp.493-496.

老犬ハンプス10歳

8

高齢者の個人的適応

Key word

サクセスフル・エイジング

サクセスフル・エイジングとは

　1980年代以降，サクセスフル・エイジング（successful aging）ということばに代表されるように，社会的にも，心理的にも充実した老年期をいかに過ごすかということが，老年学や社会科学の重要な関心事となってきました。それまでの高齢者研究は，加齢にともなう生理的機能の変化や成人病の研究が中心課題であり，人間の寿命をどこまで延ばすことができるかが問題でした。しかし，1950年以降，高齢化率と寿命が大幅に伸びて，これまで病気がちで社会から離脱する高齢者のイメージとは異なる健康を維持し意欲をもった高齢者の出現によって，それまでのネガティブな側面に注目した研究から，高齢者のもつ可能性に目を向けたポジティブな側面を重視する研究へと方向を転換したのです。

　サクセスフル・エイジングとは，もともとアメリカのロウとカーン（J. Rowe & R. Kahn, 1987）が，新たな老年学の方向づけの概念として提唱したものです。このような「高齢になっても，健康で自立し，生産的に社会に貢献するという考え方」は，ヨーロッパやわが国でも受け入れられ，高齢者政策や医療福祉サービスのなかで取り入れられてきました。

　その一方で，80歳以上の後期高齢者が増加し，疾病を有し介護を必要とする高齢者が増大するなかで，サクセスフル・エイジングの概念が評価されるようになりました。自立的，生産的であることが成功した老いの姿であるとすれば，生産活動を退いた高齢者や介護を受ける立場の高齢者は，「自立し生産的」でないということにな

り，社会的に落伍者の評価を受けることになるという批判からです。
　このような批判から，現在のサクセスフル・エイジングの概念は，それまでの一義的な見方から，多様な形態へと移行しています。すなわち，自立とは身体的な自立を意味するだけではなく，個人の目標や生きる志向性を生かしていく精神的な自立を含めるものになったのです。さらに生産性（生産的）とは，社会のなかで収入をともなう経済活動だけを意味するものではなく，ボランティア活動や家事，地域活動など非経済的活動も，社会への貢献であり，生産活動としてみなされるようになったのです。このことから，サクセスフル・エイジングとは，人生の最後のステージである老年期において，最後まで個としてのライフスタイルを維持し，他者と関わりあい，相互の援助をおこないながら，人間としての絆を深めることによって適応していくこと，といえるのではないでしょうか。
　このような老化に対する適応は，高齢者個人が感じる生活への満足度や幸福感を指標とする「個人的適応」と，高齢者の社会階層の位置や社会参加の程度といった活動水準から老いへの適応をみる「社会的適応」という2つの面から検討することができると思われます。
　この章では，まず前者の老いへの「個人的適応」からみていくことにしましょう。

Key word

個人的適応
社会的適応
QOL
生命の質
生活の質
人生の質

高齢者のQOL「生活の質」と主観的幸福感

　1960年以降，人が一生を通じてより良い人生を送るためのことばとして，QOL（Quality of life）という用語が幅広く用いられ，高齢者の福祉政策においてもそれが深く浸透してきました。QOL，すなわち，「生活の質」を高めるというこの概念は，生命の質（身体的側面），生活の質（社会的側面），人生の質（心理的側面）からなる総合的な概念です。

　高齢者のQOLは，まず身体的側面や社会的側面から幸福な老いや適応との関係を実証する試みがなされてきましたが，しかし，その際重要であるのが，個人のいだく心理的・感情的側面からの評価です。このような人それぞれがもつ現在の幸福感情の程度がその個人の幸福な老い（老年期）を決定するという考え方から，ここ30年の間，主観的幸福感（subjective well-being）という概念が形成されてきました。

表8-1　高齢者のQOLの枠組み（東京都老人総合研究所，1998）

1) 生活機能や行為・行動の健全性（ADL，手段的ADL，社会活動など）
2) 生活の質への認知（健康度自己評価，認知力，性機能など）
3) 居住環境（人的・社会的環境，都市工学，住居など）
4) 主観的幸福感（生活満足度，抑うつ状態，モラールなど）

高齢者の主観的幸福感の意味と測定

　主観的幸福感については，これまで多くの概念が考案され，それを測定する尺度も開発されてきました。もっともよく用いられている尺度としては，1) PGCモラールスケール（Philadelphia Geriatric

Center Morale Scale), 2) LSI－A生活満足度尺度があげられます。

　まず，PGCモラールスケールの「モラール」とは，もともと「士気」を表すことばですが，この尺度を開発したロートン（M. P. Lawton, 1975）によれば，「モラールが高い」とは，「自分自身についての基本的な満足感をもっていること」「環境のなかに自分の居場所があるという感じをもっていること」「物事には変えることができないことがあることを受け入れること」であると定義されています。この尺度（改訂版）は，3つの次元「心理的動揺・安定」「老化についての態度」「孤独感・不満感」から構成されています。

　もう1つのニューガーテンら（B. L. Neugarten et al., 1961）によって開発された生活満足度尺度は，5つの次元「生活への熱中と無気力：物事に対して興味を感じているか，あるいは，物事に熱中していること」「決意と不屈さ：決断力や忍耐力を有していること」「目標と現実の一致：自分の目標とするものを現実にどれほどなしえたかの一致度」「肯定的自己概念」「気分：楽観的な心理状態を有すること」から構成されています。生活満足度尺度も，PGCモラールスケールも，人生や生活に対する主観的な充足感を測定するための概念と尺度ですが，それらの因子構造は研究によって異なっており，現在までに改訂や短縮がなされています。とくにPGCモラールスケールは老年社会学の領域で他の尺度に比べて多く使用されてきました。しかし，最近ではこれらの尺度についての妥当性や概念のあいまいさが指摘されており，さらに検討する必要があるようです。

　これまでアメリカやわが国でも，高齢者の主観的幸福感と関連する要因が検討されています。まず，アメリカではラーソン（R. Larson, 1978）らが，身体的健康，社会経済的地位，配偶者の有無，友人との交流頻度が主観的幸福感に影響を与えることを報告しています。その他の要因として，配偶者の有無や性別，年齢によっても主観的幸福感に差があるという研究結果もあります。国内でも，やはり身体的健康および経済の満足度が同様にあげられており，その他の要因として社会的活動性などが報告されています（前田ら；1979，藤田ら，1989）が，しかし，米国で見出された配偶者の有無や性別，年齢などについては一貫した結果は得られていません。

　以上の結果から，主観的幸福感に影響をおよぼす要因として，1)高齢者の認知する身体的健康と，2) 社会的・経済的地位が重要であるということがわかります。つまり，高齢者の健康状態が良好であると思うほど，経済状態が安定していると思うほど，主観的幸福感は高くなるということを意味しているのです。

　しかし，これらの研究は，いずれも，性別，健康，年齢，収入，配偶者の有無という外的な属性要因で，主観的幸福感との関連を検討したものでした。もし，高齢者の幸福感を高める要因が，健康，経済，活動性だけであれば，お金があり元気ならば幸福だということになります。生活，医療水準の高いわが国では，多くの高齢者が幸福であるということになります。そこで，これまでの属性要因に

基づく要因研究から，高齢者を取り巻く人間関係や相互交流を媒介要因として，さらに主観的幸福感をみていく必要性がでてきたのです。同時に，健康状態が悪く，経済的に不安定な弱い立場の高齢者にとって，どのような要因が高齢者の充足感や満足度を高めるのだろうかということについても，研究される必要があると考えられるようになったのです。

　以上の観点から，次に高齢者の対人関係に注目した研究をいくつかあげることにします。

　国内では，まず，高齢者のソーシャルサポートについての満足感や他者への援助についての満足感などが，高齢者の主観的幸福感を高めることが報告されています。さらに，注目すべき研究として，高齢者の家族構成や役割認知や交流形態が要因としてあげられ，その検討の結果，高齢者にとって孫の存在（国内では3歳児）や孫との親和的な交流が主観的幸福感を有意に高めることがわかりました（杉井，1992）。さらに，孫との相互の心理的・娯楽的交流や祖父母として高齢者が自分自身を意味づけすることは，健康や経済状態がそれほど良好でなく，孤独である者にとっても重要であり，生活満足度や主観的幸福感を高めることを示唆しています（H. Q. Kivnick, 1983；稲谷・前原，2000）。

　ところで，さきほども触れたように，これまで主観的幸福感を測定する尺度については，因子構造に一貫性が見られないなどの指摘があり，因子の構成など改訂が重ねられてきました。たとえば，改訂版PGCモラールスケールの項目では，ネガティブな表現が多く，モラールスケールといいながら，「悲しいことがたくさんありますか」や「不安なことがたくさんありますか」といった否定的表現が多く，心理的幸福感というより不幸感の否定を測定している感も否めませんでした。そのことから，幸福感や充実感，高揚感などのポジティブな心理機能をネガティブな概念の極ととらえるべきではなく，別の次元としてとらえることの必要性が唱えられてきたのです。

　ポジティブな心理機能の概念の代表的なものとしては，まず，リフら（C. D. Ryff et al., 1995）の研究があげられます。リフらは，パーソナリティ発達理論（ロジャース，エリクソン，ユング，オールポートら）を基本にして，心理的ウェルビーイング尺度（Psychological well-being Scale）を構成しています。

　また，国内では，星野ら（1996）が高齢者のQOL評価尺度（Quality of Life Scale for the Elderly）を作成しています。この尺度は，身体的評価，社会的側面，心理的側面から構成されています。星野らは，とくに病院入院中の高齢者や施設高齢者などを対象に尺度を検討し，そこでの心理的満足の定義を「不安，抑うつ気分が低く，情緒的に安定し，かつ過去から未来にわたる時間的展望のなかで人生を受けとめ，死を受容している態度」としています。生涯発達における老年期の視点に立ち，エリクソンの理論がベースになって，「自己受容」「時間的展望の広がり」「死への不安の調和」という因子から構成されています。

表8-2　リフの6つの次元

1) 自律性：自己決定，独立性，因習からの解放としての個性化
2) 環境を調節するコンピテンス：自分の心理的条件に合うように，外界や複雑な環境に働きかけ選択する柔軟性や能動性
3) 自己成長：自己の潜在能力を発展させ，成長への意志があること
4) 肯定的な他者との関係：他者との間に暖かい関係（友好，親密性，生殖性）をもつこと
5) 人生の展望・目的：人生に対して目標と意志と方向性を有していること
6) 自己受容：自己を受容し，過去の人生を受容すること

これらリフや星野らの研究は，高齢者のQOLに，人間としてのパーソナリティの成熟や生涯発達における老年期の視点を加えるもので，心理的満足度，精神的健康，発達課題を含めた総合的な視点を提供するものといえます。

高齢者の生きがい

1993年の『高齢者白書』によると，高齢者の生きがいとして，健康，お金（経済）といった要因よりも，「子や孫の存在や成長」が一番にあげられています。その他の比較的元気な高齢者を対象とした調査では，趣味や娯楽，旅行，仕事なども高位にあげられています。一方，特別養護老人ホームなどに入所している高齢者や自宅で介護を必要とする高齢者にとっての生きがいとは，週に1回の入浴，近所の友人の訪問，デイケアのリハビリやレクリエーションでおこなわれる詩吟の会，介護スタッフとの散歩など，ささやかであっても，そこに生きる価値や意味を見出しています。

「生きがい」とは，本来，老年期だけのものではありません。それにもかかわらず，とくに高齢者の日常的な適応において「生きがい」ということばがよく用いられ，意味をもつのはなぜでしょうか。

そこには，老年期になってなにかを喪失する，つまり，健康を喪失する，社会や仕事から引退する，愛する配偶者や友人を失うといったことで，自らの存在意義や価値が減少していくという「喪失感」があるからです。井上（1993）は，この喪失期的認識，すなわち，喪失感を自分で認識する行為が存在し，その喪失をなんとかしようとする意欲が，逆説的に充実感を見出すことへとつながり，それが，すなわち，生きがいの獲得そのものであるというのです。

しかし，世間でよく使われる「生きがい」とは，人生に生きる価値や意味を実感させるものであり，また生きる支えにするものであると考えられます。さらに，「生きがい」は未来に向けての達成感や充実感を指すことばであるともいわれています。

高齢者の生きがいとは，過去の思い出であるようなことが多く，祈りや宗教，さらに自分のこれまでの人生自体を心の糧とし，生きる気力を支えてのことなのです。このように井上は，「生きがい」とは形のある対象だけではなく，心の中に生きがいをつくることであり，人によって生きがいの形が多様であることを示唆しています。

この章では，サクセスフル・エイジングや高齢者のQOLについて，高齢者の心理的・情緒的側面である主観的幸福感や生きがいという個人的な適応からみてきました。そして，ここでは，サクセス

Key word

生きがい

フル・エイジングを人生の最後のステージである老年期において，最後までその人らしさを失わず，他者との関わりを通じて相互援助し，人間としての絆を深めることによって適応していくこと，と述べてきました。

また，サクセスフル・エイジングとほぼ同じ意味に用いられる，高齢者の主観的幸福感に関する研究は，1970年以降，その概念形成と尺度の開発がなされ，そして主観的幸福感に影響をおよぼす主な要因として，身体的健康状態や経済状態があげられてきました。しかし，これらの研究においては，2つの指摘がなされてきました。一つは，主観的幸福感の測定尺度の問題で，主観的幸福感という概念のあいまいさとその因子構造が一定でないことや，幸福感や充実感，高揚感などのポジティブな心理機能を反映した内容を検討する余地があるということです。2つ目は，それまで主観的幸福感として検討されてきた要因は，主として外的・属性要因であり，弱い立場の高齢者にも，充実感や満足度を高めるような要因の検討がおこなわれるべきであるということです。このような現状のなか，より内的な媒介要因として高齢者のパーソナリティのあり方や高齢者の対人関係に注目した要因の検討もおこなわれるようになったのです。

さらに，高齢者のQOLやサクセスフル・エイジングと関連するもう1つの概念として，「生きがい」をとりあげました。「生きがい」とは，主観的幸福感とは異なり，現在の満足度や幸福感だけでなく，生きる活力を喚起し未来にむかって動機づけられる状態や対象を指しています。主観的幸福感も生きがいも，高齢者一人一人の心理的ウェルビーイングや個人的な適応を評価するうえで重要な概念であるといえます。今後は，慢性的に疾病を抱える高齢者や，痴呆性疾患を有する高齢者のQOLの概念の構築，そしてそのQOLや心理的ウェルビーイングを評価する新しい尺度の開発が期待されます。

Key word

心理的ウェルビーイング

問 題

1 サクセスフル・エイジングとは，もともと誰が提唱し，どのようなことを意味しているのでしょうか。
2 高齢者の主観的幸福感に影響をおよぼす要因には，どのようなものがありましたか。
3 高齢者の充実感や満足感を高める要因のうち，とくに対人関係ではなにがあげられていましたか。
4 高齢者の生きがいについて考えてみましょう。

文 献

藤田利治・大塚俊男・谷口幸一 1989 老人の主観的幸福感とその関連要因 社会老年学，第29巻，75-85.
星野和美・山田英雄・遠藤英俊・名倉英一 1996 高齢者のQuality of Life 評価尺度の予備的検討―心理的満足度を中心として― 心理学研究，67, 134-140.
稲谷ふみ枝・前原武子 2000 高齢者の心理的幸福感に及ぼす孫との関係（その1） 老年社会科学，第22巻第2号，179.
井上勝也 1993 老年期と生きがい 井上勝也・木村 周（編） 新版老年心理学 朝

コラム　自立への意志—自宅リハビリに必要な査定

　スウェーデンのナッカ老人専門病院のリハビリチームに同行し，自宅でどのようなリハビリに向けた支援のための査定がなされるのか見てみました。
　7章コラムのテリヤスさんと理学療法士のアン・コーリンさんとともに，ある患者の自宅に医療タクシーで移動し，自宅でリハビリをおこなうための査定についていきました。インガさんは67歳で，丸い茶色の目をして白髪の小柄な女性で，左太ももを骨折していました。タクシーに乗ってと言っても，日本の救急車よりも大きく，車椅子ごとしっかり固定されるのです。インガさんは2週間ぶりに自宅に戻るというので，うれしいような不安な気持ちだというのです。自宅は古いタイプの高層住宅で，エレベーターで自宅の階まで上り，部屋に入るまでに車椅子が通るのに通路のスペースが狭く苦労しました。部屋に入るとさっそく，ベッドの高さとその部屋のスペース，居間のソファの高さ，キッチンの流しの高さ，その前のスペース，食堂テーブルの高さがチェックされ，インガさんとともにトイレ使用のための体の動かし方，ベッドの寝方，ベッドから車椅子に移動する体重のかけ方などがシミュレーションがおこなわれました。部屋の床の段差は既に工事の人によって撤去されていました。インガさんは，査定のため立ったり座ったりしなければいけないため，息がきれてかなりつらそうでしたが，テリヤスさんやアンコーリンさんは決して安易に査定を省略したりしません。インガさんが自宅でリハビリをおこない，通常の生活に戻れるように励ましながら最後まで続けられました。病院から帰って一人暮らしを続けるために，インガさんは必死で我慢していました。そこには，強い自立への意志がみられました。「自宅でリハビリをと簡単にいうけれど，大変なことだ」と実感しながら，帰りのタクシーのインガさんをみると，遠くをじっと見ていました。目が合って，そのとき彼女も自宅に帰るための希望と不安を胸に秘めているのではないだろうかと思わずにはいられませんでした。インガさんは，病室に帰る前に手を握ってくれました。わたくしの方が励まされたようでした。

　　　　　倉書店　pp.146-157.
Kivnick, H. Q. 1983 Dimensions of grandparenthood meaning: Deductive conceptualization and empirical derivation. *Journal of personality and Social Psychology*, 44, 1056-1068.
Lawton, M. P. 1975 The Philadelphia Geriatric Center Morale Scale: A revision *Journal of Gerontology*, 42, 37-43.
Larson, R. 1978 Thirty years of research on the subjective well-being of older Americans. *Journal of Gerontology*, 33, 109-125.
前田大作・浅野　仁・谷口和江　1979　老人の主観的幸福感の研究—モラールスケールによる測定の試み—　社会老年学，第11巻，15-31.
前原武子・稲谷ふみ枝　2000　高齢者の心理的幸福感に及ぼす孫との関係（その2）老年社会科学，第22巻第2号，180.
Neugarten, B. L., Havighurst, R. J., & Tobin, S. S. 1961 The measurement of life satisfaction. *Journal of Gerontology*, 16, 134-143.
Rowe, J. W., & Kahn, R. L. 1987 Human aging: Usual and successful. *Science*, 237, 143-149.
Ryff, C. D., & Keyes, C. L. M. 1995 The Structure of Psychological Well-being Revisited. *Journal of Personality and Social Psychology*, 69, 719-727.
杉井潤子・本村　汎　1992　高齢者の主観的幸福感をめぐる一考察　家族社会学研究，第4巻，53-65.
東京都老人総合研究所（編）　1998　サクセスフル・エイジング　老化を理解するために　ワールドプランニング

レンビット77歳　孫と

9

高齢者の社会的適応

　前章でも触れたように，老年期のサクセスフル・エイジングに寄与するものとして，「社会的適応」があげられます。この社会的適応は，生涯発達の観点から説明することができます。エリクソンは心理社会的発達において，青年期から老年期に至るライフサイクルの段階で職業や家族関係の満足度が変化し，さらにアイデンティティの確立や社会的な位置づけが変化していくことを理論づけています。

　この章では，成人期から老年期に移行するなかで起こる適応の問題や，いかに老年期の活動性を維持して生産的に社会に貢献していくかという課題に基づいて，サクセスフル・エイジングを考えていこうと思います。とくに，キイワードとして「定年」「生涯学習」「余暇活動」をあげ，老年期の新しい適応の姿を摸索することにします。

Key word

価値観

価値観の変化

　人間の価値観，つまり「なにに価値をおくか」は，一人一人において異なるものですが，年齢とともに共通に変化する部分もあります。それはライフサイクルの変化と綿密に関係しているといわれています。

　これまでの知見では，価値観の生涯発達変化として，若いときは，成就，自己充足，興奮の感覚のような自己志向的な価値観が強いが，加齢とともに安全や尊敬への価値を重視するようになります。そしてこれらの変化は，身体的な成長や衰え，その世代で感じる幸福感の違いと深く関わっているのです。さらに，成人の価値観の推移を

ヴェロッフとスミス（J. Veroff & D. A. Smith, 1985）の研究からみてみると，彼らは，社会的価値としての「所属の感覚」「他者との暖かい関係」「他者からの尊敬」，また自己的価値として「興奮」「自己充足」「戯れと享楽」「自尊」「成就の感覚」の5つと「安全性への価値」をあげて検討しています。

その結果，まず，男性の場合，年齢とともにその価値が減少するのが，「自己充足」「戯れと享楽」「成就の感覚」といった項目です。一方，増大する傾向がみられたのは「他者からの尊敬」「安全性」「自尊」などです。次に，女性の場合は「戯れと享楽」は，男性と同じ傾向で減少していきますが，「自己充足」は50歳代でピークとなり，「成就の感覚」はほとんど変化せず，男性の場合と異なっています。また，加齢とともに価値が増大する項目は「他者からの尊敬」と「安全性」です。つまり，若いときは社会的価値よりも自己の価値に重きがおかれていますが，加齢とともにより社会的価値へと移行していきます。しかし，女性と男性では社会での役割期待が異なっているため，男女で価値観の変化に相違があるようです。

仕事と定年

現在，日本においては，毎年32万人のサラリーマンが定年退職し，あるいは，自らその職を退く人，失業者などによる退職者を入れると150万の人が，60歳の年齢を迎えています。人生80年時代になり，定年後かなり長い自由な時間を手にすることになります。

定年後の，あるいは，職を退いたあとの時間をどう使うのか，定年後の新しい生き方の摸索が始まったのです。定年後の生活では，さまざまなことが問題となります。そこには，健康や経済的な問題だけでなく，「心豊かに生きる」という心の問題があります。つまり，退職と同時に経済的収入が減じることだけなく，「アイデンティティの喪失」という状況が生まれてくるのです。アイデンティティとは，「自分とはなにか」「自分はどう生きるべきか」ということに対する自分自身の認識です。定年後，何事に対しても意欲をなくし，うつ状態に陥る人もいますが，それはまさしく，「生きる支え」「生きる力」としてのアイデンティティが失われたことによって起こったものです。このような定年後の心の危機をどう乗り越えるかが，これからの高齢者のサクセスフル・エイジングの重要な課題となるでしょう。

このような問題に関連し，ハビィガースト（R. J. Havighurst, 1972）は，職業に関する発達課題を設定し，成人前期は職業の開始，成人後期は満足のいく基礎を築き維持すること，老年期は退職と収入の減少に適応することが求められるといいます。それでは，仕事とは成人期から老年期にとってどのような意味をもつのでしょうか。たとえば，仕事とアイデンティティ発達との関係では，ライフサイクルごとに職業を通じての達成感や満足を感じる内容が変化しています。星野（1999）の研究では，20歳では職業への摸索，30歳代で新しい仕事の達成感や専門性の強化とともに，職務葛藤の高さが示

Key word

社会的価値
自己的価値
定年
アイデンティティの喪失

されました。40歳代では限界感や転換点が多く，停滞する者もある一方で，若い世代の教育を担うなど新境地をひらく者も認められます。各年代で，新しい仕事の達成感が顕著でしたが，50歳代では経営者側や上位管理職に昇進した地位への満足度や，組織を統制する責任と熟達に対する喜びが見られています。

ところで，ニューガーテンは，老年期において，仕事からの引退が労働役割の喪失という否定的意味をもつことは否定できないとしても，それが社会的な責務としての労働役割からの解放という肯定的な意味をもつことを示唆しています。このように，職業生活からの引退の心身の健康に及ぼす影響が否定的側面だけではなく，最近では肯定的側面も含めての研究もおこなわれています（中里ら，2000）。

余暇活動と生活満足度との関係

Key word

余暇活動

余暇活動（レジャー）とは，「役割義務がない，自由な時間として行動そのもの以外の目的をもたない表出的な行動」として定義づけられています。一般にレジャーは，休息，気晴らし，自己啓発に大別されます。とくに，職業生活や子育てを終えた老年期における余暇活動は，ライフスタイルを再構成する空間であり，新しい社会的な場を広げる意味でも重要です。

ケリーら（J. R. Kelly et al., 1986）は，レジャーが高齢者の社会活動の中心的役割を果たすものであると規定します。また余暇について，「実存的現実（existential reality）」と「社会的現実（social reality）」の二面性を指摘し，余暇活動は内的動機づけを根拠としておこなわれるため，ライフコースを通して，自己の発達と表出，すなわち，アイデンティティの発達に寄与し，それが社会的承認をともない，「レジャー・アイデンティティ（leisure identity）」を確立すると論じています。

また，欧米においては，スポーツ・観劇・旅行など自己表現のための余暇活動が，家事・買い物・庭の手入れなど他者に役立つ生産的活動よりも，老年期の幸福感と強く関係しているといいます。身体的活動や社会活動を含めた余暇活動が，老年期の生活満足度の要因としてかなりの部分を占めていることがわかります。

欧米のレジャーに関する研究は，一貫して余暇参加度の高い高齢者ほど余暇満足度と生活満足度が高いことを示しています。これについては，日本における余暇活動と生活満足度の関係でも，同様の結果が得られています（山田，2000）。

岡村（1991）は，国内の60歳以上の高齢者を対象としてレジャーの実態を明らかにしています。それによると，訪問，趣味・社会参加，つきあいなど社会性をともなうレジャーは，男性に比べて，女性の方が活発で，一方，同じ女性でも，街型レジャー，訪問などは，若いほど活発で，その外出行動は健康状態と関連することなどが明らかにされています。

このように，余暇活動が高齢者の主観的幸福感や生活満足感に関

係しているという研究の結果は，それがサクセルフル・エイジングの変数として有効に働いているということを示すものです。

生涯学習の動機づけ

いまは生涯学習の時代であり，学習は学校にいる間だけのものでなく，一生取りくんでいくべきものです。とくに高齢者の学習意欲は高く，年々地域の生涯学習センターや市民大学などで学ぶ高齢者が増えています。

それでは，高齢者はどのようなことを学ぼうとしているのでしょうか。文部省（1990）が民間教育事業について学習内容を調査したところによれば，趣味・けいこごとに関する学習が45.1％，レクレーションに関する学習が28.3％，教養に関する学習が15.4％などとなっています。また，学習の動機としては「学習内容に興味があるから」（61.5％）といったいわゆる内発的動機づけの存在を推測させるものが一番高く，次に「健康の維持のため」（57.8％），「余暇を有効に使いたいから」（55.1％），「幅広い教養を身につけるため」（51.8％）といった理由が続いています。また受講後の評価ともっとも綿密に結びついていたのは，「学習内容を地域活動に生かしたいから」という動機でした。

一方，参加することにより，「打ち解けた友人ができる」「共通の趣味を見出せる」など，高齢者にとって学習成果そのものよりは，参加してお互いがコミュニケーションすること自体に大きな意義があるようです。

オーストラリアU3A

老年期に入り身体的，精神的停滞と衰退のなかで，高齢者が身体的健康を維持し，精神的な柔軟さを保つための挑戦にどう向かっていくかが，重要な課題としてとりあげられなければなりません。老年期をいきいきとして生きる一つのモデルがU3A「第三齢代の大学（University of the Third Age）」です（宮原ら，1997）。

この大学の概念とモデルは，1972年，フランスで生まれました。その目的は，高齢者が学問に直接ふれることで知的生活の質を向上させることでした。しかし，フランスではじめられたときのU3Aは，第三齢代に属する高齢者を対象に，講義，研究旅行，文化活動等を大学のスタッフが計画し，大学の施設を使って実施するかたちでおこなわれ，学習の企画，立案，実施は，すべて大学がおこなったのです。

フランスではじまったU3Aは，やがてドーバー海峡をわたって，イギリスのケンブリッジに伝わり，ケンブリッジU3Aが生まれました。ケンブリッジU3Aは，自治の精神で運営され，それがやがてオーストラリアU3Aとなっていったのです。

オーストラリアのU3Aは，ケンブリッジU3Aの伝統を受け継ぎ，メンバーから選出された無報酬の委員会によって運営され，会員は若干の年会費を納入します。学習する内容も，ギリシャ史からコン

Key word

生涯学習
内発的動機づけ
U3A

ピューター，心理学，イタリア語や日本語，ロシア語といった語学，有機栽培，ホビー，スポーツにいたるまで，それぞれの領域で興味をもち，経験をもった者が，教師としてのボランティア活動によっておこなわれています。オーストラリアU3Aでは，大学の支援を得て活動しているところもありますが，しかし，活動の基本は，そのU3Aの地域社会に基づいた自助の精神であることには変わりはありません。しかも，大学からの支援を受けていれているキャンパスも，イギリスとオーストラリアのU3Aの特徴である自立と独立独行の精神は維持されています。

　その特徴の一つは，U3Aのメンバーの学習する動機が知識の探求それ自体にあり，雇用のための資格とか技術を習得するために勉強するのではないことです（内発的動機づけ）。そのことから，U3Aにおいては，あらかじめ決められている授業科目にしたがって学習するのではなく，勉強する分野を選択し，自分のペースで学習を深めていきます。

　U3Aのある授業での先生は，他の授業では生徒であるということも，しばしば起こります。自分の能力と興味を両立させながら，宿題もなく，試験もなく，知的欲求への動機だけで学習するのがU3Aの特徴なのです。したがって，他の教育機関のもつ，さまざまな制約や圧力から解放されて，自由な時間を学習することができるのです。

Key word

老人大学

老人大学とU3A

　日本においても，高齢者を対象とした学習講座としてその地域の社会教育機関によっておこなわれている「老人大学」「老人大学院」があります。「老人大学」あるいは「老人大学院」――最近では，一部には，老人大学の呼称を改め「シニア大学」とよんでいるところもありますが――は，その名称がどうであれ，高齢者が社会人として自立し生活を送るのに必要な日常生活のさまざまな活動を支え，幸せで豊かな生活を送るための一つの試みとしておこなわれているものです。

　そこで開講されている講座は，「芸術・芸能・趣味」のものから「知識や教養」さらには「健康」といった領域にいたるまで広い領域にわたっています。ある調査によると，「芸術・芸能・趣味」に参加している受講生は，講座に積極的に参加し，自らの活動によって創作した作品の上達を把握し，自信や満足感を味わい，さらに，上達への意欲をもって学習することができることが明らかになっています。また「知識や教養」を受講する者も，それによって一般的な常識・教養を養い，社会の変化に対応しようとする気持ちがみられます。「健康や体力」についての講座は，「高齢」ということばに示されているように，この時期の健康に深い関心があるためであると思われます。

　日本の老人大学に参加した受講生の感想として「新しい知識や技術の獲得に有意義であった」と感じる者が全体の50％，次の「受講

して生活にハリができた」と合わせると，全体の70％が「老人大学」の学習に生きがいを感じていることがわかります。

このような日本の老人大学における学習と先にあげたオーストラリアU3Aの学習の基本的な違いは，日本における老人大学が老人福祉事業の一環としてその地域の行政主導によっておこなわれるのに対して，イギリスU3Aのモデルを受け継ぐオーストラリアU3Aは，会員自らの総意に基づく自治の精神によっておこなわれるということです。

コラム　祖先崇拝とユイマール，マチヤグワー

　沖縄の高齢者にとって，旧暦の1日，15日には祖先崇拝の祈願（うがぁん）の大切な日であり，お墓参りや神棚に祈るおばあの姿が日常となっています。沖縄は文化人類学などでとりあげられるように，祖先崇拝や祭事，シャーマニズムが日常に浸透している地域といわれています。心配事があると，ユタ（かみがおりている女性）とよばれる女性のところに相談に行く，祖先の供養や人間関係について神のお告げをもらい心の負担を軽減する，精神的，対人的な問題を神にゆだねるというものです。人生におこる難しい問題や個人でどうしようもないことを外在化し，精神的負担を軽くする効果があるといわれています。また，ユタの存在は，精神障害や痴呆性疾患などを指して異常と決めつけずに，地域のなかで受けとめて，共同体のなかに居場所を確保するという機能があります。心のバリアフリーとスローガンを立てる必要もなく，障害者がともに生活できる素地が沖縄にはもともとあったと考えられます。

　また，人生には節目節目を祝う儀式が国内でもありますが，沖縄では，97歳になったら「カジマヤー」という長寿を祝う儀式があります。以前は村でリヤカーなどを飾り，そこに風車をたくさんつけて集落の7つの角をまわるのですが，それはこの世と死後の世界を結んでいるという象徴的な意味が付与されているのです。最近は車を飾り，その後で一族が集まり盛大に長寿をお祝いするようになっています。沖縄の祝いの席では，必ず子，孫やひ孫まで伝統芸能を披露し，本番までにいとこ同士や親戚が集まって出し物の練習をします。お金を出してごちそうを頂くというようなおざなりの祝いではないようです。

　ところで，沖縄の老人クラブやデイケアに行って驚くことは，とても活気に満ちていることです。沖縄のデイケアやデイサービスでは，リーダーは高齢者であり，利用者が中心となって会が進みます。沖縄県U市のデイケアでは，伝統芸能の三味線の音が響き，お話会（回想法）では米軍基地相手に商売したことや，戦争を力強く生き抜いてきたことに誇りをもっていることが話され，涙があると思うと，民謡が歌われ喜びがあらわされ，「カチャーシー（琉球舞踊）」で踊りが始まるのですが，このようなレクリエーションの様子が多くのデイケアでみられます。そこでは地域の文化や伝統が活かされています。ときには「夜這い」という色艶のよい話題に笑いが起こり，沖縄のデイケアの利用者をみていると，その活力や自然体に圧倒されます。

　また，老人クラブはとくに後期高齢者の参加も多く，それはユイマールの延長にあるレジャーとしての寄り合い場所といった感じがします。

　沖縄の高齢者は現役引退というように隠居生活がはっきりしているわけではなく，働くことへの意志が強いこともあげられます。畑でさとうきびを育てる，漁にいく，市場で働くなど，自然や街のなかで自分の居場所を確保して自立を維持する様子がみられます。

　それは，マチヤグワー（小売業を営む）の高齢者の姿からもよく理解することができます（前原・稲谷，1999）。調査では，小売業を営む高齢者の心理的満足感は高かったのですが，彼らの心理的幸福感には，小売業から得られる利潤というより，むしろ小売業を媒介にして築かれる夫婦関係，子・孫との関係，なじみの客との関係が大きく貢献していました。彼らの多くは，社会のなかで自分の役割を喪失することなく，自分自身が役にたつ存在であることを認識し，自己価値を高めていました。沖縄の小売業を営む高齢者のように，収入や経済活動から解放された仕事を通して人と関わり，そこに自己を見出している姿は，老年期のサクセスフル・エイジングを自然体であらわしているように思えます。

問 題

1 定年後の課題とは，いかなるものでしょうか。
2 余暇活動と老年期の生活満足度との間には，どのような関係があるのでしょうか。
3 生涯学習の時代となり，生涯学習センターや市民大学などで学ぶ高齢者は，なにに動機づけられているのでしょうか。
4 ケンブリッジやオーストラリアでおこなわれている生涯学習の特徴について述べなさい。

文 献

Havighurst. R. J. 児玉憲典・飯塚裕子（訳） 1997 ハヴィガーストの発達課題と教育—生涯発達と人間形成— 川島書店 (Havighurst, R. J. 1972 *Developmental tasks and education*. 3rd ed. New York: David Mckay Company Inc.)

星野和実 1999 高齢者から見た生涯発達過程—職業生活に関する検討— 心理学研究，第70巻第5号，401-408.

Kelly, J. R., Steinkamp, M. W., & Kelly, J. R. 1986 Later life leisure: How they play in Peorina. *The Gerontologist*, 26(5), 531-537.

前原武子・稲谷ふみ枝 1999 マチヤグワーの高齢者—小売業を営む高齢者の心理的幸福感 琉球大学教育学部紀要，第55集，275-278.

宮原英種・宮原和子 1997 高齢社会を愉しむ—オーストラリアに定年後の楽園を見た— ナカニシヤ出版

文部省 1990 社会教育調査

中里克治・下仲順子・河合千恵子・石原 治・権藤恭之・稲垣宏樹 2000 中高年期における職業生活からの完全な引退と失業への心理的適応プロセス 老年社会科学，第22巻第1号，37-45.

岡村清子 1991 団地住居老人の余暇活動 社会老年学，33，3-14.

Veroff, J., & Smith, D. A. 1985 速水俊彦ら1995 動機づけの発達心理学 有斐閣 (Veroff, J., & Smith, D. A. 1985 Motives and values over the adult year. In D. A. Kleiber & M. L. Maeher (Eds.), *Advances in motivation and achievement*: Vol.4. Motivation and adulthood. 1-53, JAI Press Inc.)

山田典子 2000 老年期における余暇活動の型と生活満足度・心理社会的発達の関連 発達心理学研究，第11巻第1号，34-44.

ウルフ60歳　愛犬と湖で

10

高齢者の家族関係

家族のイメージ
　日本の家族をイメージすると，どんなイメージが浮かんでくるでしょうか。戦前では，「おじいさんを筆頭に，跡取り息子が大事にされ，家の存続のために妻や嫁が家に仕える」といったものでした。しかし，家長制度を施いていたわが国の家族関係もいまでは大きく様変わりし，家族の新しいイメージがつくられています。
　「おじいちゃんのひざに孫，3世代で食卓を囲む」「帰宅の遅いお父さんぬきの夕飯，塾から帰ってきて携帯電話を離さない子どもにため息をつくお母さん」「仕事をするようになっても親元暮らし，優雅にシングルライフを謳歌する娘や息子（パラサイトシングル）」などといった姿が浮かび上がってきます。半世紀の間に，家族の有り様も随分変わったものです。
　祖父母，父母，孫といった三世代が一緒に生活する「拡大家族」は，年々その比率を低め，大都市を中心に父母と子が一緒に住む「核家族」の家庭が増大しています。田舎や地方の小さな都市や町には，子どもが都会に去ったあとの老夫婦二人だけの，これまた「核家族」の家庭がひっそりと暮らしています。もうそこには，冒頭に述べたような三世代が一緒に住み「おじいさんを筆頭に，跡取り息子が大事にされ，家の存続のために妻や嫁が家に仕える」といった日本の家族の原風景は，みられることが少なくなりました。時代は確実に変わり，その時代とともに，家族のイメージも大きく変貌していったのです。それをもたらした一つの大きな要因が，戦後の民主化と産業構造の変化と長寿社会の到来です。

この章では，第二次世界大戦後から現在に至るまでの高齢者をめぐる家族や家族関係の変化，子どもが独立したあとの老年期の夫婦関係，成人した子どもと老親との関係，老年期の喜びと自己の発達に寄与すると思われる祖父母と孫の関係について述べることにします。

家族の変化

　現在の高齢者をとりまく家族の在り方は，戦後からここ50年の間に大きく変化しました。戦前は，「家」制度のもとに老親は長男夫婦と同居し，長男は跡取りとして家を守り，老親を扶養するのが一般的でした。それが，家族をとりまく社会情勢，つまり，民法の改正による家制度の変化，経済構造の変化，都市化などによって，家族の有り様や家族生活も大きく変化したのです。次に，わが国における家族の形態と機能の変化をみることにします。

Key word

家族の形態
家族の機能

1) 家族の形態：まず，家族の形態の変化をみると，1960年に65歳以上の高齢者が子どもと同居する率は，80％を超えていましたが，2001年（厚生労働省「国民生活基礎調査」）では48％にまでに減少しています。それとは逆に，高齢者夫婦世帯（33.8％）や一人暮らしの高齢者（13.8％）は年々増加の一途をたどっています。子どもは結婚したら親から独立して新しい家族を形成するという核家族化が浸透し，親が老いても以前のように子とは同居せず，半数以上の高齢者が独立した生活を営んでいます。その背景には，単に子どもが親との同居を拒否するといったことではなく，子どもの仕事や生活場所が地理的に離れていることや，高齢になってもできるだけ子どもに依存せず自立した老後をおくりたいという親側の意識の変化もあるようです。この傾向は今後も続き，高齢者のみの世帯はこれからもさらに増加することが予測されます。

2) 家族の機能：最近では，家族の成員それぞれが職場や学校という外で多くの時間を過ごし，家には寝に帰るだけでの現象もみられます。これを評して，現代家族とは「ホテル」のようなものと称されることもあります。このような現象は「家族の個人化」といわれ，家族員がそれぞれ別個の生活空間，生活時間をもち，以前のように，異なる世代が一緒に暮らしてともに作業をおこない，憩う場所としての家庭・家族の機能は収縮しています。これまで，生産，家事，育児，そして扶養や介護という重要な機能をになってきた家庭は，これらの機能の多くが外部化されて，家族の機能も変わってきたのです。そのなかで高齢者の役割や地位も家族のなかで変化してきました。それは，家長や長老としての立場の喪失という家族のなかでの高齢者の地位の変化であり，伝統的な技術やしきたりの伝承者として，さらには，生活の知恵を伝授する役割を失うことになったのです。しかし，その反面，戦後の

厳しい現実を生き抜き，経済的な安定を得てきた今の高齢者は，子どもから扶養される被扶養者としての立場ではなく，逆に，親として長期にわたって子どもに経済的支援を与え，孫の養育に必要なときに手をかすなど，経済的にも心理的にも自立した地位を維持している傾向にあります。

これらの，家制度の変化，家族機能の変化，経済的地位の変化は，今日の老年期の家族関係をとらえるうえできわめて重要な意味をもっています。それに関連して，老年期の家族関係については，ライフサイクルの変化にともない，子どもが巣立ったあとの長い時間をともに暮らす夫婦関係が，たいへん重要になってくるのです。

老年期の夫婦関係

かつては，妻が子どもを5人か6人産んで末子がようやく独立するときには，夫は死亡し，寡婦の期間を跡取りである長男夫婦のもとで数年暮らすと，妻も寿命を迎えていました。しかし，現在では，平均2人の子どもを数年の間に生み養育し，子が独立して，さらに夫が60歳で定年退職してから，そのあと，夫で平均17年，妻では24年の老後が待っていることになります。

また，前にも述べたように，老親と子どもの同居率は年々低下し，老夫婦のみの世帯や単独世帯が増加しています。このように，子どもは結婚し独立したあと，その多くが親と別居する一方で，親と同居する場合でも，同じ敷地内に別棟を建てるとか，一階と二階で別々に生活するなど，生活空間を分けて住む家族形態が増加しています。

このように日本の老夫婦のライフサイクルは，長寿化によって変化し，子どもが独立してから20年あまりの夫婦のみの生活の期間を迎えることになったのです。

わが国では，長い間，「夫婦は一心同体」「お茶といわなくてもお茶が出てくる」といった，長い人生の伴侶として「あ・うん」の呼吸で結ばれているのが，年季の入った老年期の夫婦関係であるといわれてきました。確かに，以前は，夫婦ともども商業や農業などに従事し，同じ人生の目標をもった夫婦が多かったのですが，経済構造が変化した近代では，夫が会社で働き，妻は家庭で子育てをするという分業がなされ，夫と妻の人生の目標や夫婦関係に見出す意味もそれぞれ異なるようになりました。

このことを背景に，近年，結婚20年以上を経て離婚する夫婦は，1998年では3万2700組に達し，それは20年前の3倍であり，その後も増加する傾向にあります。この熟年離婚の特徴は，妻からの離婚の申し出が圧倒的に多いことです。老後が長くなり，充実した老年期を生きるうえで大きな意義をもつ夫婦関係ですが，今その夫婦のあり方が問い直されているのです。

1）**老夫婦のパートナーシップ（伴侶性）**　老夫婦で向き合う期間が

Key word

熟年離婚

長いということは，夫婦一緒に余暇を楽しむ機会が増え，夫婦の間で会話をすることも多くなるということです。このように，夫婦が共通の話題をもつためには，共通の趣味をもつように努め，外出する機会を多くするなど，共通の体験をもつことが必要になってきます。つまり，夫婦のパートナーシップ（伴侶性）が重要になってくるのです。この「伴侶性」とは，夫婦が経済的基盤をともにして，相互の人格を尊重しながら，生活目標を共有してともに行動していくことを意味します。英語では，「companionship（コンパニオンシップ）」ですが，夫婦が対等な立場で互いに尊重して目標に向かうという意味からパートナーシップということばが使われています。この夫婦の間のパートナーシップは，老年期になって急に生まれるわけではなく，それまでに夫婦の間で築かれてこなければならないのです。しかし，かつては，老年期も短かく，夫婦が互いを見つめあうことなど少なく，このような夫婦のパートナーシップが問題にされることはなかったのです。その時代的背景を考えると，ほとんどの男性は仕事が中心で，家庭や子どもの養育は妻任せであるのが普通であった世代で，退職したからといってすぐに夫婦二人のライフスタイルを確立することは，それほど容易なことではないようです。先の熟年離婚の増加の理由にもあるように，とくに妻の夫に対する強い不満が，いくつかの調査で示されています。

それでは，夫婦のパートナーシップを形成するには，なにが重要なのでしょうか。

老年期の夫婦を対象とした調査研究では，経済的基盤がしっかりしている場合は夫婦ともに満足度は高いという結果が得られています。その一方で，夫婦の情緒的つながりについては，夫は妻に満足しているのに対して，妻の方は不満が強く，夫との心の触れ合いが得られないことが一番の理由になっています。そこには，コミュニケーションの不足や，話はしても共通の中身がないといった問題があるようです。また，高齢になっても性的な関心や交渉が失われることはなく，夫にとっても妻にとっても異性によせる感情はきわめて重要なものです。しかし，夫と妻の性的関係に対する意識は異なっている面があります。たとえば，高齢女性は夫婦間の性的関係として「精神的な愛情やいたわり」を望んでいるのに対して，夫はなんらかの性行為を求めるという，相互の生理機能の違いを背景とした葛藤やすれちがいなどが報告されています。

さらに，妻の側が望む事として，夫の生活面での自立があります。「お父さんが倒れたらわたしがみます。でもわたしが倒れたら，誰がみてくれるのだろう」という病気に対する不安や心配が妻側に強くあるようです。今の高齢者は「男は厨房に入らず」というような伝統的な性役割観のもとで生活してきたため，いざ介護や日常的な家事ということになると，かなりの負担になるのが現状のようです。

しかし，地域に目を移すと高齢男性が集まり，料理を楽しみ，仲間と交流する姿も増えています。さらに，介護に従事するのも妻だけではなく，職を捨てても大切な生涯の伴侶をみたいという男性の

Key word

伴侶性（パートナーシップ）
コンパニオンシップ

ことが話題になることがあります。話題になるということはまだ一般的ではないということですが，こうした問題もこれからのわたくしたちの意識の改革や取り組みによっては，社会的な拡がりをみるようになるかも知れません。

2）生涯の伴侶を失うことの意味と精神的健康　人生の出来事のなかで，配偶者との死別は，生活上最もストレスフルなものといわれています。とくに高齢男性の場合，妻を亡くすことは，精神的な支えを失うことであると同時に，日常生活にも支障をきたし，死別後，生きる意欲を大きく低下させることが報告されています。しかし，多くの場合，配偶者との死別を経験するのは女性であり，また，過去にどのような夫婦関係を築いていたか，また配偶者にどのような感情を抱いていたかによって，死別後の心理的適応が異なることが示唆されています。

「愛着」の研究で有名なボウルビィは，夫婦関係が親密なほど，死別後の悲嘆は大きいと述べています。また余暇活動や友人とのつきあいなどを夫婦一緒で行動する程度が大きいほど，死別後の適応が困難であることも示されています。日本では，1）配偶者に依存的であったタイプと拒否的であったタイプが不適応性が大きく，2）夫婦が親密であるときは，フロイトのいう「喪の仕事」の過程（14章コラム参照）をたどり，3）配偶者の死を受容したときには，配偶者と過ごした日々があったから今があるという認識に至り，新たに自分の人生を生きる姿勢がみられるという特徴が報告されています。また生前の夫との関係が親密でなかったり，夫に対して拒否の気持ちを抱いていたときには，故人との葛藤や問題を終結することができなかったことへの怒りや後悔の念，そして罪悪感が生じることも明らかになっています（田口，2002）。

老親と成人した子の関係

最近の老親と成人した子どもとの関係は，以前のような長男が親を扶養するという関係ではなく，親は経済的に独立しており，むしろ成人した子どもの経済的援助を支援する側に立っているといわれています。その一方で，身体的介護の面では，介護の必要なねたきりの高齢者の半分は，配偶者や家族の支援を得ながら家庭で介護を受けています。そして，配偶者の介護が無理なときは，子どもの世話になるかというと，心情的には自宅介護を望んだとしても，すぐに同居ということには至らないようです。

子どもとの地理的距離などの問題もあって，むしろ親の側が子どもの生活の妨げにならないように，高齢者福祉施設などを利用する傾向が増えています。さらに，配偶者の死などで，子どもと同居してみても，生活のリズムの違いや子どもへの気遣いなどで心労となり，子どもとの同居生活にうまく適応できないこともあります。一方，老親と子の関係は，別居が増えたからといって両者が疎遠になるというわけではありません。老親と子の間の交流の頻度につい

Key word

喪の仕事

ては，東京都でその4割以上が週11回以上，月1回も入れると8割を超える状況であることが報告されています。また，地方によってはその値に増減はあるものの，交流頻度を高めている要因として，①老親と子の居住間の距離の近接，②親の経済的裕福度，③健康度などがあげられています。

ところで，わが国の老親と子関係の質的側面をみると，親と息子は形式的なつながりが強く，娘と母の間では心理的絆が強いことがその特徴としてあげられます（田畑，1994）。とくに母娘の情緒的つながりは，娘が嫁いでからも変わらず強く，決して「空の巣」に陥らない親子関係を維持しています（河合ら，1990）。また，娘は結婚してからも，とくに親が経済的にゆとりがあるほど，頻繁に互いが行き来し，家族の絆が希薄になることは少ないようです。

祖父母と孫の関係

高齢者白書（1995）によると，高齢者の生きがいの第一位は，「子や孫の存在や成長」があげられています。わが国の多くの高齢者が孫との交流にきわめて大きな喜びを感じ，日常のくらしのなかで孫の存在は重要なものとなっています。

1）老年期の適応を促進する孫との関わり　ところで，発達的視点から老年期において祖父母として孫との関わりの重要性を述べたのは，エリクソン（1986）です（1章参照）。エリクソンは老年期の発達課題として，「自我の統合」をあげています。つまり，自分のこれまでの人生に意義と価値を見出すことができれば，いずれ訪れる死の不安も緩和し受容することができ，最後のステージである老年期に適応をすることができるというものです。エリクソンによれば，この老年期の課題である「統合」は，若い世代とかかわり，「祖父母的生殖性」を発揮することによって促進されるといいます。ここでの「祖父母的生殖性」とは，親としての責任（中年期の責任）から解放されて，孫たちを導き，愛し，世話することを意味します。

祖父母が孫たちの未来に関心をもつことで，若い人たちの前に広がる長い人生に思いを馳せることができ，自分の死の不安を調節できると仮定されるのです。そのために，祖父母のもつ時間展望は自分一人の生涯の時間より広がりのあるものとなり，それは世代をつなぎ，さらに孫との生き生きとしたかかわりによって，若い頃を再経験でき，失われつつある若さの感覚を得られるというのです。孫を愛し，孫の成長を見守ることは，これまでの自分の中年期の課題である生殖性（子ども・次世代を育てる）を再評価し，受け入れることにもつながるのです。

このように，孫世代との関わりは，高齢者にとって人生の喜びや満足感といった心理的幸福感，さらには老年期の適応にも重要な影響を与える要因であると考えられるのです。

2）祖父母と孫の関係における実証的な研究　これまでおこなわれた

Key word
祖父母的生殖性
生殖性

実証的研究では，孫との親和的な関係が，祖父母の「有用感」や「生活満足度」を高めることが示されています。さらに孫の年齢によって，祖父母との関係のあり方は変化します。青年期になっても祖父母とは，「存在受容：自分の存在を受容してくれる相手」「日常的・情緒的援助：日頃から金銭や情緒的に支援をしてくれる存在」，「時間的展望促進：これからの人生の出来事，死や老いることを実感させてくれる存在」「世代継承性促進：命のつながりを感じさせてくれる存在」です。また，祖父は「職業生活等の知識の伝達」の機能を有し，祖母は「地域をつなぎ，伝統やしきたりを伝達」する機能を有する存在として重要であることが示されています（田畑ら，1996；前原ら，1999）。

Key word

Kinship

3）続柄によって変わる親密感　さらに，これまでの祖父母・孫の関係の研究では，「Kinship」という続柄，つまり父方なのか母方なのかによって，孫と祖父母とのつながりが異なることが示されています。アイゼンバーグ（A. R. Eisenberg, 1988）は，女性が家族の異世代間をつなぐ役割をしていることから，とくに孫娘と母方祖母が親密な関係にあることを示唆しています。国内では前原ら（2000）が，伝統的に長男家族と居住する祖父母が多いことから，その文化的な差の観点を踏まえて孫・祖父母関係を検討しています。ここでも孫娘は父方祖父母より母方祖父母に対して親密感および祖父母機能を高く評価することを見出しています。その一方で，孫が長子である場合，父方祖父母に対する親密感が高いことも確認されています。

4）祖父母の心理的ウェルビーイングに寄与する孫との関係　さらに，孫とのどのような関係が祖父母の心理的幸福感や精神的健康に寄与するかについて，調査されています。稲谷・前原（2000）は，「価値・伝統文化継承機能」を果たすこと，つまり，祖父母が孫に伝統や文化を伝えたり，自分の経験を語りアドバイスすることや，また孫と一緒にでかけたり，孫とおしゃべりを楽しむなど，孫との間に『娯楽的サポート』があることが，祖父母の心理的幸福感を促進することを見出しています。一方，日常的に孫の世話を任されたり，孫から『道具的・手段的サポート』を受けることは，祖父母の「自己や他者を受容」する感覚を阻害し，「人生の展望」を妨げるものとになり，このような孫と祖父母の関係は，高齢者の心理的幸福感を低めるものであったことを報告しています。

このことは，本来，子育てから解放され自分の楽しみを見出し，孫との関係も楽しみや喜びをともなったものであるはずなのに，エリクソンのことばを借りるならば，「生殖期という中年期の役割」を負わされるために，人生を見通し，評価することができないため，自己を受容することができないと解釈できます。

さらに，祖父母の自立やコントロールの感覚を減じてしまう，道具的・手段的なサポートよりも，祖父母は，孫と一緒に遊びに出か

けたり，囲碁をしたり，買い物にいくなど楽しみを共有することが，高齢者にとっては満足感や喜びを実感できるといえます。そして，これらの喜びは老いることの意味を肯定させ，自分の人生を受容することにつながるのです。これらの知見は，祖父母にとっても孫に

Key word

世代間交流

コラム　じじバカ，ばあばバカ

　11月の寒いある日，1歳8か月の初孫，陽花が久し振りに里がえりしました。4か月ぶりに会った陽花をみているおじいちゃんの顔はゆるみっぱなし。「陽花は知恵のまるくれ」「こんなかわいい子はいないぞ！」「どこの子よりもかわいい」と目の中に入れても痛くないほどのかわいがりです。

　里帰りの翌日，お風呂大好きな陽花をお父さんが入浴させて，お母さんが体をふきながら洋服を着せようとすると，陽花はまだお風呂で遊びたいと駄々をこねて大泣きします。母親がどんなになだめてもいったん怒って自分の意志が通じないことがわかると，火がついたように泣き叫んで，母親はもちろん父親も手がつけられないほどです。

　隣室でテレビを見ていたおじいちゃんが，あまりの泣き声に驚いてやってきました。「どうした陽花，どうした陽花，おじいちゃんがだっこしよう」「どうしたんだ」といいながら抱き上げると，陽花は泣きやみました。両親から放っておかれていた陽花が，おじいちゃんに助けられて泣きやんだのです。それはおじいちゃんにとって思いもかけなかった喜びの一瞬でした。「陽花，おじいちゃんはいつでも抱っこするぞ」「かわいい，かわいい，陽花だからな」と最高に表情がゆるみ，うれしいじじバカぶりを発揮します。久し振りのことでもあってか，なかなかおじいちゃに抱かれなかった陽花が，おお泣きをしたあとに抱いたら泣きやんだのですから，それはそれは大変なことなのです。そのあと，「おれが抱いたら泣きやんだんだ」とことあるごとに自慢話の種になりました。

　そういえば，おじいちゃんの家に足を一歩踏み入れると四方八方どこを向いても陽花の写真が飾ってあります。想い出してみると，わたくしの恩師，アメリカの著名な発達心理学者，J. McV. ハント先生の家でも，子どもの写真はなくて，孫アップルの写真ばかり飾ってありました。当時は，なんで2人の娘さんの写真がないのだろうといぶかっていたのですが，孫ができ，この年になってはじめてハント先生の気持ちがわかったようです。洋の東西を問わず，どこの国でも，じじバカはいるものです。

　一方，わたくしも，じじバカ以上に，ばあばバカです。

　陽花は，極低出生体重の未熟児で生まれました。陽花が生まれたとき，お医者さんからは，発達が少し遅れるかも知れないといわれました。それではということで，心理学者であるわたくしは，生まれたときから，1か月に一度の割合で東京に上京し，ハント先生がつくった順序尺度で陽花の知的発達を測定してきました。その結果は，これまでのところ健常で生まれた子どもとほとんど同じ発達曲線を示し，安心しています。いまでは，身長もほぼ標準に近づき，運動面でいえば，しっかりした足取りで一時間近くも歩くことができるし，お父さんの教える両手でしっかり鉄棒を握ってぶらさがる「筋トレ」もやり，自分の世界をつくって遊ぶこともできるようになりました。最近では，携帯電話を母親がかけるときのしぐさで肩のところにおいて耳に近づけ「とうたん，いっらしゃい（いってらっしゃい）」と遠くに住むお父さんに言えるし，電話の子機を使って「ばあば　まんまたーた（たべた）」といって話すこともできるのです。陽花との毎朝の電話を使っての会話がいまでは人生最大の愉しみです。まさしく，じじバカ以上に，ばあばバカの毎日です。（宮原和子　福岡にて）

コラム　沖縄の高齢者—おじい，おばあ，孫

　沖縄県小規模村の社会福祉事務所の訪問ヘルプサービスを見学したいと思い，ヘルパーとともに地域の高齢者を訪問したときのことです。だいたい訪問時間は1–2時間程度と聞いていましたので，多忙なおり，何かお手伝いしようと考えていました。心のなかで，ばたばたと家事をして次の場所へ移動する様子をイメージしていたのですが，実際は違っていました。ヘルパーは，最初にそこのおばあ（沖縄では高齢の女性はそのように親しみをこめて呼ばれることが多い）の「かめえかめえ」攻撃にあいます。「かめえかめえ」とは黒砂糖やお茶うけを出されて，「どうぞ食べなさい」といわれることですが，忙しいからと断らずヘルパーは一緒にお茶をいただきながら，服薬のことや役所の用事などを「おばあ」から聞いていました。その後も，家の掃除や家事は必要最低限だけおこない，「また来るサーね」といって門柱を出たのでした。
　次のところでは，もう少し部屋の掃除を手伝いましたが，独居生活の「おばあ」は，「近所のAが来るからだいじょーぶ」といって，「さあ，食べなさい」といってお茶うけが出て，「いつもこんなかんじですか」とヘルパーさんに聞くと，だいたい同じであるとの返事でした。
　一方，「おじい」の場合は少し異なり，家の手入れから畑の仕事までしていきなさいといわれました。ヘルパーが来て家事だけでは満足しないことがよくあるようでした。このように高齢者の認知する「ヘルパー」という概念は，必要な家事や介護をおこなうという一般的なものではなく，むしろ地域扶助の助っ人のような感覚であり，一部のおばあには相談事のできるお茶のみ相手であり，おじいにとってはユイマール（相互扶助）の働き手のようなものであったと思います。
　ところで，沖縄では，祖父母の存在は家族の絆やその関係性にとって重要であり，現代失われつつある祖父母の象徴的機能を有し，次世代に文化や日常の知恵を伝えていることがわかっています（前原・稲谷・金城，1999，2000）。とくに沖縄の祖父母機能の特徴として，「戦争の語り部」と「親戚づきあいを深める」が見出され，戦争体験者の多い，今も基地の島である沖縄の姿を現しています。親戚づきあいを深める存在としては，祖先崇拝や親密な血縁関係を祖父母が担っているということであり，地域特性を反映した調査結果が出ています。さらに，孫娘は祖母から「伝統行事」や「親戚づきあい」について教えてもらい，「人生のアドバイス」も，祖父より祖母から受けていると感じていました。一方，孫息子は「職業上の知識・技能」「地域の人との付きあい方」など人生の先輩として「人生を生き抜く強さ」を祖母より祖父の姿から実感していました。これらの結果は，沖縄の高齢者は祖父母として性役割モデリングの機能も有していることを示唆しています。
　沖縄のおじい・おばあは一族の伝統を伝える語り部であり，地域社会の生き方を教える重要な存在であり，一方，次世代を形成する孫たちも，その意味や存在を受けとめているのです。

とっても，人間性の発達にとって互いが重要な他者であることを示しています。これからは，さらに高齢者と次世代の子どもたちの交流を深めていく，世代間交流が重要な課題となってくると考えられます。

問　題
1　近年の家族の変化を，家族の形態，家族の機能から説明しましょう。
2　老年期の夫婦関係の課題として，どのようなことがありますか。
3　最近の老親と成人した子の関係について述べなさい。
4　祖父母が孫と関わることの意義について述べなさい。

文　献
Eisenberg, A. R. 1988 Grandchildren's perspectives on relationships with grandparents: The influence of gender acrossgenerations. *Sex Roles*, **19**, 205-217.
Erikson, E. H. et al., 1986　朝長正徳・朝長梨枝子（訳）　1990　老年期—生き生きしたかかわりあい　みすず書房（Erikson, E. H., Erikson, J. M., & Kivnick, H. Q. 1986 *Vital*

involvement in old age. New York: W. W. Norton.)

稲谷ふみ枝・前原武子　2000　高齢者の心理的幸福感に及ぼす孫との関係（その1）　老年社会科学，第22巻第2号，179.

河合千恵子・下仲順子　1990　老年期における家族―老人とその配偶者，子世代，孫世代の対人関係についての心理的アプローチ―　社会老年学，31，12-21.

前原武子・稲谷ふみ枝・金城育子　1999　大学生が認知する祖父母役割　琉球大学教育学部紀要，第54集，461-467.

前原武子・金城育子・稲谷ふみ枝　2000　続柄の違う祖父母と孫との関係　教育心理学研究，第48巻2号，120-127.

田畑　治　1994　成人と老親の関係と精神的健康に関する研究　日本火災ジェロントロジー研究報告，pp.156-165.

田畑　治・星野和美・佐藤朗子・坪井さとみ・橋本　剛・遠藤英俊　1996　青年期における孫・祖父母関係評価尺度の作成　心理学研究，**67**，375-381.

田口香代子　2002　高齢女性における配偶者喪失後の心理過程―死別前の夫婦関係が心理課程に及ぼす影響―　家族心理学研究，第16巻第1号，29-43.

アモーリア　75歳の誕生日

11

高齢者のストレス

Key word

ストレス
ストレス反応
ストレッサー

人生とストレス

　現代社会は，ストレスの多い社会です。ストレスということばは，もともと工学の領域の術語で，外から力が加わったときに生じる歪みの意味でしたが，H. セリエ（1970；笠原ら，1994）がストレス学説として生体へ応用して以来，人間の環境への適応や心身の健康のなかで取り上げられるようになってきたものです。
　ストレスということばのなかには，いらいらや不眠などの心身に現れる反応を意味する「ストレス反応」と，このストレス反応を引き起こす刺激としての「ストレッサー」との両方の意味が含まれています。ストレスといえば，そのすべてがわたくしたちにとって悪い影響をもつようにとらえがちですが，現実には外からの刺激のない，ストレスのない社会は存在しませんし，刺激のない日常は空虚なものです。また，ストレッサーとなりうる仕事や学校，親や友だち，結婚や別れという多くの人生の出来事は，わたくしたちに喜びや充実感を与える一方で，悲しみや不安をもたらす側面もあるのです。このようにストレスとは，人間にとって避けられないもので，またわたくしたちの人間としての成長や心身の健康に対して，プラスとマイナスの両価的な意味をもつものといえます。
　わたくしたちは，人生のあらゆる時期において，大小さまざまなストレスと向き合っています。そのなかでも，老年期に経験するストレスは，重大なものであることが多いのです。たとえば，配偶者の死，病気となり住み慣れた家から病院や施設への入所など，加齢にともなって心身の変化の大きな時期に，きわめて大きな適応を迫

られることが起こります。ときとして，ストレスによって心身のバランスを失い，健康の低下をまねくこともありますが，多くの高齢者はそれまで培った豊富な経験や知恵を生かし，その危機を乗り越え，新しい生活へ適応していくのです。この章では，老年期に起こるストレスの特徴をあげ，高齢者はそのストレスにどのように対処し，健康を維持し，環境に適応しているかを述べることにします。さらに，高齢者のストレスを緩和する要因としての対処行動（コーピング）やソーシャルサポートを取り上げ，どのようなソーシャルサポートや対処行動が，施設における高齢者の心理的幸福感や生活満足度を充足するかをみていくことにしましょう。

老年期のストレス

　老年期は，加齢による病気などの身体的・生理的変化や配偶者や友人を亡くすといった経験をし，退職などによって起こる社会的役割の喪失や転居などによる環境の変化が重なるために，重大なストレスを経験する時期であるといわれています。とくに重大なストレスとして，配偶者との死別という出来事があります。しかし，老年期に夫を亡くして寡婦になるという大きな試練を迎えても，多くの女性がその危機を乗り越えています。一方で，そのなかにはうつ状態に陥ったまま，体調を崩し，回復できないこともあります。このことは，人によってストレス反応の現れ方に違いがあり，さらにストレス後の心身の健康への影響が異なるためであると考えられます。それでは，人によってどうしてこのような違いが起こるのでしょうか。

　これらのストレスに対する個体差を説明する有力な理論として，「トランスアクショナル・モデル」があります。このモデルでは，ストレス反応を起こす条件は必ずしも絶対的なものではなく，それはストレッサーとしての心理社会的要請と個体の対処の仕方との間の相互作用から生じることが強調されています。ストレスの個体差については，ストレッサーに対する個人の受け止め方や対処の仕方に違いがあり，そこに加齢や遺伝などの生物学的要因が加わって，ストレス反応の現れ方に違いが出てくると説明されています。さらに，ストレスに対する反応に影響をおよぼす要因として，ストレッサーに対して自分が適切に対処できるかどうかという，すなわち，パーソナル・コントロールと，加齢によって起こる自律神経系，免疫系，脳神経系などの変化の影響が重要であるといいます（津田ら，1994）。

　このことから，それまでストレスの強い出来事を経験してもそれに対処できていたものが，重大なストレスを経験する老年期には，加齢の影響が顕著となり，ストレス反応として表面に現れやすくなり，それが心身の健康の低下につながると考えられるのです。

　このような老年期のストレスに対してうまく対処するためには，高齢者自身のストレスに対する対処行動や家族や周りの人からの支援，いわゆる「ソーシャルサポート」が重要になってくるのです。

Key word

トランスアクショナル・モデル
ストレスの個体差
パーソナル・コントロール

Key word

ソーシャルサポート
情緒的サポート
道具的サポート

ソーシャルサポートと心理的適応

　わたくしたちは，生まれたときから親やきょうだいのなかで育ち，学校や職場，近隣の人たちとも関係を広げながら，社会のなかで生きています。このような対人関係が心身の健康と関連があることがわかり，そのなかでソーシャルサポートやソーシャルネットワークという概念が生まれ，その立場から生活の質や心身の健康の問題が検討されるようになったのです。

　ソーシャルサポートとは，個人がその個人をとりまく他者との間の情報の提供や支援を意味します。このソーシャルサポートには2つの機能があります。1つは個人の社会的欲求を充足させることであり，もう1つはその個人をストレスや危機から生じる悪影響から防御するというものです。また，ソーシャルサポートは，大別して，情緒的サポートと道具的サポートとに分けられます。情緒的サポートは，サポートを受ける側の自尊心や情動に働きかけ，自ら積極的に問題解決にあたる状況をつくるようにすることです。それに対して，道具的サポートは，ストレスを解決するのに必要なサポート源を提供したり，そのサポートを手にいれるための情報を与えたりする働きのことをいいます。

　これまでのソーシャルサポートに関する研究では，高齢者の孤独感や生活満足度に対しては，家族や友人からの情緒的サポートが有効であることが確かめられています。一方，道具的サポートについては，互いにサポートし合う互恵的なサポートが，高齢者の心理的適応を促進することが見出されています。さらに，家族からは情緒的サポート，また，非家族からは道具的サポートが高齢者の心理的適応状態を改善するという報告もなされています。そして，健康な高齢女性は，友人との間のソーシャルサポートにおいては，受け取るよりも与えることが多いといわれています。

　このことからわかるように，ソーシャルサポートは，それが多ければ満足し，心理的適応につながるということではありません。受け手が期待する適切なサポートが得られるかどうかが重要であるのです。また，サポートを一方的に受け取るだけという関係は，高齢者に対して「依存」という心理的負担感を増大させ，心理的適応を減じることがわかっています。さらに，ソーシャルサポートは，そのすべてがストレス事象にとって有効であるということではなく，限界もあります。ストレスがそれほど大きくない場合は，配偶者や家族といった親密な人たちからのソーシャルサポートは有効ですが，その程度が高くなると，親密な人からの情緒的サポートがあっても，心身の状態は悪化する，すなわち，ソーシャルサポートにも一定の限界がある，ということが見出されています。この場合には，その状況を危機としてとらえ，医師やカウンセラーといった専門家の支援を得ることが必要です。

　また，前に述べた「配偶者や兄弟，友人との死別や別離」「転居や入院」「現役からの引退」などの老年期に起こる人生の出来事は，重大なストレス源であり，同時にその人がそれまでの重要なサポート

源を失うことでもあります。このような「現役からの引退」「死別,転居,入院」といった事態に直面し,それまでのソーシャル・ネットワークやサポート源を喪失,あるいは,その機能が低下したとき,高齢者はそこから生じるストレスに対してどのような対処をおこなっているのでしょうか。また,心理的適応を維持するために,どのようなストレスに対する対処が有効なのでしょうか。

病院や施設におけるソーシャルサポート

　1）病院に入院している患者にとっての有益なサポート　　がん患者を対象に誰からどのようなサポートを受けたとき,それを有益と評価するか,さらに,その具体的な内容についての報告がなされています。それによると,患者たちは,自分が受けているサポートについて,全体的に有益なサポートが有益でないサポートより多いと答えていますが,情緒的サポートが家族や友人,知人から得られている場合,それを有益なものと認知する傾向が強く,その一方で,それらの人びとから情緒的なサポートが得られないと,不満足と感じています。情報的・道具的サポートについては,それが医師や他のがん患者から得られる場合,それを有益であると評価することが示されています。これらのがん患者に対する情緒的サポートの内容としては,「そばにいる」「愛情や共感,関心を示す」「がんであることを静かに受け入れる」「明るく接し,思いやりを示す」などがあげられています。また有益な医師からの情報的・道具的サポートとは,「病気の見通しを与える」「高い技術で医療をおこなう」,他のがん患者からは「よい仲間,もしくは肯定的な役割モデル」「同じ境遇の他者への理解を示す」というものでした。反対に,サポートの受け手であるがん患者を不安にし,困惑させる周囲の態度とは,悲観的な態度,過度な心配,愛情や共感を示さないなど,患者との接触を避けるといった行動です。また医師や看護の専門職が,患者のがんに対する反応を批判したり,十分な情報を与えなかったり,低い技術で医療をおこなうといったことがあげられています（浦,1992）。

　これらの結果から,これらの患者は,親密な相手からは情緒的サポートを求め,医療従事者からは病気に対する専門的な情報や関わりを求めていることがわかります。つまり,患者には相手の役割によってそれぞれ期待されるサポートが存在し,そのサポートがその期待する相手から得られると満足し,それがソーシャルサポートとして機能していることがわかります。

　2）高齢者福祉施設利用者の認知するソーシャルサポート　　これまで老人保健施設に入所している高齢者のソーシャルサポートについておこなった研究（林ら,1996等）では,日頃,ストレスとして感じていることで最初にあげられるのは,病気,次に心身の不調があげられています。その他のストレス源としては,「経済的問題」「家族との関係」「将来への不安」「施設からいつ家に帰れるか」「施設の生活の不自由さ」などの施設への不満などが報告されています。そし

て，そのサポート源，すなわち，相談相手としてもっとも多く選ばれるのは，娘でした。その次に配偶者や息子があげられ，娘や配偶者に対しては，心身の不調や経済的問題について相談する傾向があります。一方，友人に対しては，家族の問題や人間関係の問題を相談していることが多いようです。また，施設に対する不満等については施設の事務職員やケアスタッフと相談するようにし，その場合，

コラム　コンボイ

カーン＆アントヌッチ（R. L. Kahn & T. C. Antonucci, 1980）は，心理学の分野において，生涯にわたって社会的支えが与えられ，受け取られる構造としての個人的なネットワークという概念，すなわち，「コンボイ（Convoy）」という概念を提唱しています。つまり，コンボイとは，個人の社会的支えやネットワークであり，個人の幸福感やストレスの緩和に寄与する要因として有効なサポートネットワークを意味しています。

コンボイとは「護衛艦」という意味があるように，長い人生の航海で，自分の船のまわりに寄り添い，荒波に揺さぶられるときに支えとなり，波光をうけて生きる喜びを分かちあい，その航路をともにするような関係であるといえます。さらに，コンボイはその人の個人の特性と状況的要因の交互作用から形成されることから，その構造のパターンは，個人間，個人内で異なってきます。つまり，Aさんが30歳時のコンボイと80歳時では，Aさんの役割にともなって，彼をとりまく支え，つまり，コンボイは変化することが予想されます。

老年後期のコンボイ構造については，80歳以上の高齢者，21事例（男性5名，女性16名）について，1）状況的要因（在宅の高齢者か施設入居か），2）生涯発達的変化（30～40代の頃と現在），3）性差から検討されています（稲谷・境田，2001等）。

1）居住形態による特徴

在宅では，第一円に家族（配偶者，娘や息子，孫など），第二円に親戚があげられ，親族いわゆる"家"のつながりからメンバーが構成されていた。

施設では，第一円に娘が多くあげられ，面接のなかでは，身体的・精神的に施設の人（寮母さんや同室の方）に助けられていると話す人が多くみられますが，システム図では，それらの人びとは一番外の円（第3層）に示されています。親戚のなかでは，見舞いの頻度が高い人がコンボイの第二，第三円にあげ

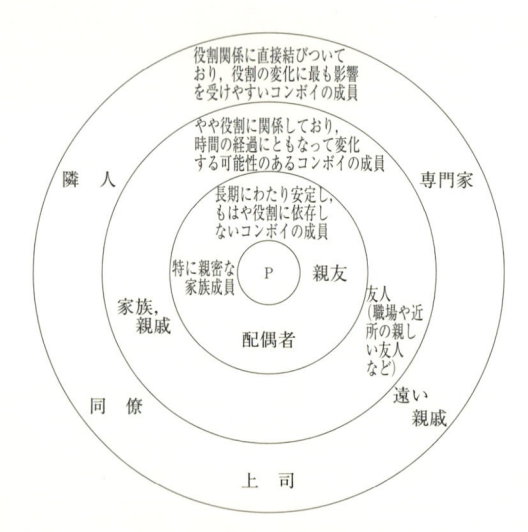

図1　コンボイの仮説的な一例

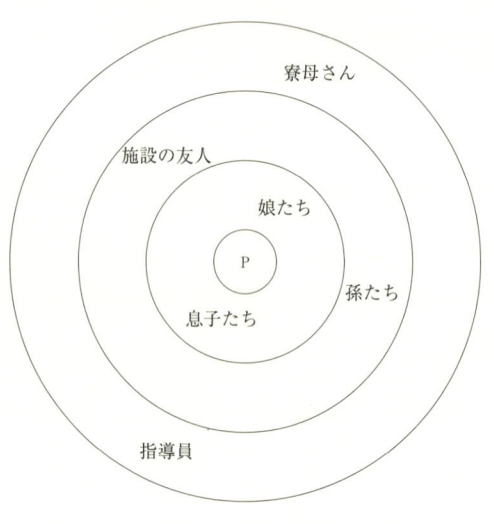

図2(1)　事例3（現在）

単に道具的サポートを得ることを期待するだけではなく，その相手には話をよく聞いてくれることや親身になってくれることを望んでいるようです。つまり，施設利用者は情緒的サポートを家族だけでなく，施設職員に対しても期待しているのです。また，家族が身近にいない施設利用者は，情緒的サポートを施設職員や訪問してくれる友人から得て，限られたソーシャルサポート源ながらもそこから

られていました。施設群は，「配偶者が既に亡くなっている，子が近くにいない，身体的ケアを必要とする」という状況があるため，コンボイのいちばん重要な第一円のメンバーが欠ける事例が多くなりますが，そこを埋めているのは娘たちであり，それをとりまくのは実の姉妹でした。

2）生涯発達的変化

施設群では，成人期と現在とでは，コンボイの人数は減少する傾向にありました。一方，在宅では，メンバーが第二円で仕事の仲間から親戚に変わっていますが，メンバーの数は一概に減少するということはありませんでした。

成人期のコンボイのメンバーは，当時の職場や戦中・戦後の時勢を反映した経済的支援をあげるものが多くみられました。生涯において，配偶者の存在は安定しているが，とくに男性は妻から多くの支援（精神的，手段的，承認）を受けていると評価しています。

3）性差

男性では，在宅・施設にかかわらず，配偶者の存在が大きく，「妻に先に死んでほしくない」など，年をとるにしたがって，ケアはもとより精神的支援の割合までも成人期より増加する傾向が示されました。

女性は，「夫を頼りにしている，前から仕えてきたから」など配偶者の存在をあげる一方で，「小学校からの親友は，よく施設に遊びにきてくれる」「50歳から始めた婦人会の日本舞踊，その仲間の一人が今も施設にきてくれる」など，友人が重要なコンボイメンバーとなっていました。さらに女性では，姉妹，孫娘などが多くあげられました。家族，配偶者中心の男性に対して，老年期女性のコンボイ構造は，より個人のネットワークの多様性を示唆するものでした。

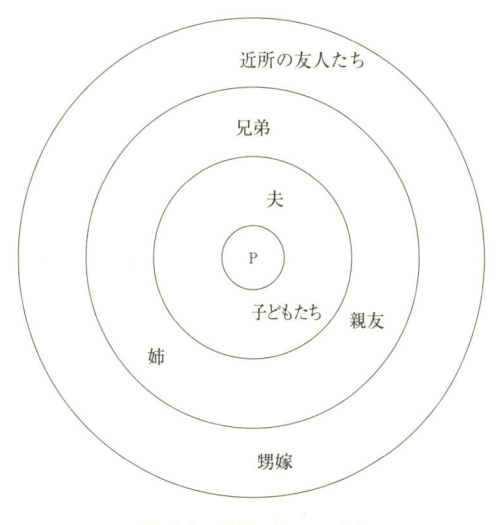

図2(2)　事例3（30〜40代）

関係をもち，心理的に安定し，施設の生活に適応していく過程が報告されています。

このように，それまでの住み慣れた家から施設に入居するという大きなストレス（危機）を経験し，施設での適応が求められる高齢利用者にとっては，サポート源の多さやサポートの量よりも，親身になってくれて信頼できる相手との確かな関係が大切であり，そこに結ばれる相互のサポート関係への満足度が重要であるといえます。

Key word

ストレス対処行動（コーピング）

病院や施設利用者のストレス対処行動

病院や施設の入所者は，ストレス状況においてどのような対処行動（コーピング）をとるのでしょうか。対処行動とは，ストレス事象に対する個人の認知的，行動的努力を意味し，施設や病院の生活に適応しようとするスキルのことです。

杉山（1994）は，特別養護老人ホームに入所している高齢者にとっての日常的なストレスとして，他の入所者や施設職員との間の対人関係や孤独をあげて，これらのストレスに対して高齢者がどのような対処行動をとっているかを報告しています。

その結果，300種以上のさまざまな対処行動様式が認められましたが，それをさらに14種類に分類しています。この分類のなかで，(1)から(7)までは適応的な対処行動，(8)から(14)までは適応的でない対処行動であるとされるものです。

（1）楽天的感情
（2）昇華：外出，旅行，趣味などにエネルギーを発散
（3）直接問題解決
（4）原因を自分に求める
（5）人の和を保つ肯定的な努力
（6）よい方向への思考の転換
（7）他人と距離をおき選択的に接する

（8）エネルギーを消極的な行動で発散
（9）自分がいつも譲歩して逆らわない
（10）他人を見下す形で距離をおく
（11）トラブルの原因をいつも相手に求める
（12）否定的な思考の転換
（13）ひたすら我慢し耐える
（14）否定的感情（不愉快な感情をもち，体の調子がよくない）

さらに，入所者は健康群，老人性疾患群，ストレス関連疾患群に分けられ，これらの3群のストレス対処の特徴が述べられています。

まず，健康群とは，「悩みやストレスに対しての対処行動をゆるやかにおこない，精神緊張を生起させることが少なく，そのため身体・心理・社会的エネルギーを過度に消費することなく健康な心身の状態を保持している」というものです。

次に，老人性疾患群は，対処行動として「エネルギーを積極的に

発散し，他者との親和性に欠け，考えが硬く，他人との間に適当な距離を保つことが少なく，我慢や忍耐力が弱い一方，自罰的・他罰的傾向をもつ」．そして，友人や職員に援助を求めることが少なく，家族のサポートも強く求めようとしないという特徴が示されています。

これらに対して，ストレス関連疾患群には2つの種類があり，1つの群は「活動的エネルギーの積極的表出を示すが，考え方が硬く他者との情緒的交流が弱いという心理社会的傾向を共有している」という特徴をもち，もう1つの群は「日常のストレスの原因を他者に求めることなく，我慢や忍耐しエネルギーを積極的に発散しない」という特徴をあげています。しかしながら，特別養護老人ホームの入所者は，痴呆症状を有するなど心身に障害があり，慢性的な病気を抱えていることを考えれば，対人問題に対する対処行動の選択も容易でないことが理解できます。さらに特別養護老人ホームは，高齢者にとって終の棲家になることも多く，だからこそ，利用者一人一人の対処行動の特徴を把握し，個々の利用者が期待する情緒的・道具的サポートを提供できるように思いをめぐらせ，サポートが継続できるようなシステムを構築することが必要であると思われます。

問　題
1　老年期に起こる重大な出来事，ストレッサーをあげてみましょう。
2　高齢者の心理的適応を促進するソーシャルサポートのあり方とは，どのようなものでしょうか。
3　ソーシャルサポートにも限界がありますが，そのときどのような対応が考えられるでしょうか。
4　施設利用者のサポート関係において重要なことは何でしょうか。

文　献

林　智一・上野徳美・山本義史　1996　老人保健施設におけるソーシャル・サポートに関する研究（3）―入所者と在宅高齢者のサポート・ネットワーク量・満足度，生きがい，生活満足度，幸福感，孤独感について―　日本健康心理学研究

稲谷ふみ枝・境田真里子　2001　老年後期のコンボイ構造の検討　日本発達心理学会第12回大会発売論文集，40.

Kahn, R. L., & Antonucci, T. C. 1980 Convoys over the life course: Attachment, roles, and social support. In P. B. Baltes & O. G. Brim, Jr. (Eds.), *Life-span development and behavior*, Vol.3. New York: Academic Press. pp.253-286.（高橋恵子訳　1993　生涯にわたる「コンボイ」―愛着・役割社会的支え東洋・柏木恵子・高橋恵子編集・監訳　生涯発達の心理学　2：気質・自己・パーソナリティ　新曜社　pp.33-70.）

笠原洋勇・篠崎　徹・高梨葉子　1994　老人とストレス―精神医学的観点から―　老年精神医学雑誌，第5巻第11号，1333-1340.

杉山善朗　1994　老年期のストレスの心理　老年精神医学雑誌，第5巻第11号，1325-1332.

津田　彰・磯　博行・G. Fieldman　1994　ストレスの精神薬理―パーソナル・コントロールの生物学的基礎―　老年精神医学雑誌，第5巻第11号，1311-1318.

浦　光博　1992　支えあう人と人―ソーシャル・サポートの社会心理学―　サイエンス社

12 高齢者の心理療法

Key word

心理療法

心理療法がなぜ大切か

ライフサイクルの最終ステージである老年期は，その発達において，文化的にも，心理社会的にも，その人の人としての個性の表出が一番顕著になる時期であるといえます。これまでのそれぞれの章で学んできたように，老年期には，加齢による身体的変化，家族や社会との関係の推移にともなう心理的適応の問題，そしてとくに高齢者の内面に宿る孤独や生きる苦しみなどの課題があります。

そこで，老年期を生きる人たちへの支援は，その人一人一人に見合った個別的な接近なしには成り立たないと思われます。このことから，この人たちの個としての人格を尊重し，人間のもつ潜在可能性に注目し，心理的問題に対する心理療法的アプローチがきわめて重要なものとなってきます。

心理療法は，本来，その人のニーズに基づいておこなわれるのが最善ですが，しかし，高齢者本人が「何々療法」を依頼されることは，実際にはまれなことです。そのことから，高齢者を対象とするケアのなかで心理療法的アプローチを組み入れる場合は，高齢者の利益に資するものでなければなりません。高齢者を対象とする心理療法あるいはカウンセリングにおいては，まず，その人がどのような人生を生き，志向し，現在に至っているか，謙虚な気持ちで素直に耳を傾けることからはじまります。たとえクライエントについて具体的なことを知らなくても，また知っていたとしても，多くの不可知の部分を慮るこころ，姿勢が交流の基本であると考えられます。心理療法におけるこのような姿勢を「支持的心理療法」といいます。

この支持的心理療法は，老年期神経症，認知症の周辺症状をはじめとする領域に広く適用され，老人病院やクリニックなどの臨床的な場面で有効であるといわれています（加藤，1991）。

心理療法は，個人を対象とすると同時に，集団に対してもおこなわれます。そのグループでおこなわれる心理療法は，一般にグループワークやグループセラピーといわれ，クライエント同士の相互作用やクライエントとセラピストとの相互作用が，他者への関心を高め，不適応行動に変化をもたらすというものです。

高齢者を対象とした心理療法としては，病院や施設において痴呆性疾患グループで施行されることが多く，その有効性が報告されています（川室，1995等）。また心理療法には，言語的交流と非言語的交流の2つの交流形態があります。しかし，非言語的交流といっても，まったく「ことば」を介さないのではなく，音楽を聴いたり，ダンスを取り入れたり，体の緊張を緩めるなど，創造性を喚起し，体で表現することに重点がおかれたものです。それは，「いま，ここで」感じることを通して，情動を安定に導き，失われていた感情を呼び起こし，笑いや温もり，そして哀しみといった人間的な喜びを見出そうとするものです。

次に高齢者を対象としておこなわれている心理療法のなかから，研究成果が報告されている3つの方法，すなわち，1）回想法，2）音楽療法，3）芸術療法をとりあげ，その目的や適用範囲，限界について述べます。さらに，高齢者に対する心理療法の今後の可能性についても触れることにします。

回想法

回想法は，高齢者への心理的アプローチの技法として，もっともよく使用されている心理療法の1つです。対象としては，一般の高齢者以外に，老年期うつ病（感情障害），認知症高齢者，エイズやガンの末期患者などに対してもおこなわれます。また，デイケアや病院等においては，グループでおこなわれるレクリエーションのなかに組み込まれ，一方，ターミナルケアでは死を前にした患者に対して，個別にベッドサイドなどで用いられています。

回想法は，アメリカの精神科医バトラー（Butler, R. N., 1963）が提唱した高齢者を対象とする心理療法です。それまで，高齢者が過去をふりかえり回想することは，過去に執着し現実を回避することであるとされ，否定的な心理過程とみなされていました。しかし，バトラーは高齢者の回想を「自分の人生を整理し，とらえ直す」というポジティブなものとして意味づけをおこない，よき聞き手が，高齢者の回想を共感的に，支持的に傾聴することによって，高齢者を心理的安定に導くことができると考えました。さらに，この方法は，高齢者が自分の人生の意味や価値を再認識し，人生を肯定的に受容する可能性を高め，エリクソンのいう老年期の課題である「自我の統合」を達成するのにつなげることができるとされています。

回想法とよばれているものには，ライフ・レビュー（人生回顧）

Key word

支持的心理療法
グループセラピー
回想法

表12-1 一般的回想法とライフ・レビューの相違

	一般的回想法	ライフ・レビュー
目的	楽しみ／喜びの提供 社会的交流／意思伝達技能の促進 自己有能感を高める	統合の促進
理論的背景	心理社会的理論	精神分析的理論 来談者中心療法
聴き手の役割	洞察や評価を促さない 援助的	意味づけ／評価を促す 受容する／共感する
話し手の役割	最小限の苦痛にとどめる 健常または痴呆高齢者に対しておこなう	苦痛を感じる場合もある 主に健常高齢者に対しておこなう
プロセス	自由な流れ，または構造的 リラックスした楽しい雰囲気 ポジティブな思い出に焦点を向ける	時系列に従い構造的 評価的／統合的 ポジティブおよびネガティブな思い出
効果	孤立感を低め社会的交流を促す 情動の安定，意欲の回復	自我の統合 ウェルビーイングを高める

Haight & Burnside 1993 *Reminiscence and Life Review : Explaining the Differences.* より抜粋・簡略化；野村，2001 より

Key word

ライフ・レビュー
レミニッセンス

とレミニッセンス（回想）とがあります。前者は先に説明した過去の人生を整理し，その意味を見出すことによって人格の統合を促すもので，過去から現在，そして未来についてのライフ・ヒストリーを系統的に聞く方法です（表12-1参照）。

一方，レミニッセンスはライフ・レビューよりも広義の概念で，情動の安定や残存機能の活性化を目的として，高齢者の施設（デイケアセンター，老人ホーム）や病院でおこなわれるレクリエーションで用いられています。

また，回想法には個別法と集団法があり，集団療法の形態による実践の報告（野村，1992；黒川，1994等）によると，その効果として，高齢者の表情が豊かになる，情緒が安定する，意欲が向上する，社会的交流が促進される，などが認められています。一方，個人療法としては，不安神経症や感情障害のクライエントの面接を通して，ライフ・レビューの視点からその心理過程の分析がおこなわれています（林，1999）。それによると，「想起，評価，綜合」という3つの機能を経て，自分の死を受容し，自己の肯定的側面と否定的側面とを取り入れ，自我の統合に至る可能性を示唆しています。

回想法のもつその他の効果としては，対象である高齢者だけでなく，回想法に参加した施設スタッフの態度にも変化が認められることです。痴呆性老人に関わる職員の理解，共感性，受容性が深まり，そのことが交流にあらわれ，支持的共感的な支援をうけた高齢者の情動や心理的安定にむすびつくというものです。

回想法の実施については，「回想法グループマニュアル」などによると，普通，認知症高齢者などのグループでおこなう場合，人数は8人程度，リーダー1名，コ・リーダー1，2名，週1回1時間程度，8-10回をひと区切りに設定されています。所定の場所を決め，茶話会のように和やかでリラックスした雰囲気で迎えることが大切で，その日にきまったテーマをあげ，ときに材料を提示し，一人一人が頭に浮かんだ思い出話を語り，まわりがそれに耳を傾けるといったことでおこないます。リーダーの力量や毎回のセッション記録をもとにしたスタッフミーティングの在り方が，心理療法としての精度を上げることにもなります。

次に，回想法をおこなう留意点として次のことをあげておきます（黒川，1995，1999）。

1) 参加者を子ども扱いしない。セッションにおいて，参加者を批判する，間違いを訂正する，説教をするといった自分の価値を押しつけるような態度は慎む。
2) 高齢者の五感を刺激するような材料を開発し，準備する。
3) 参加者の生活史を把握し，人生全体の脈絡のなかで参加者の反応を位置づける。
4) スタッフとの事前の目標設定とグループの凝集性を高めるための配慮をする。

また，精神疾患のクライエントに対しておこなう場合（それ以外の場合も），語られる話が回想と妄想の境界があいまいになったり，ときには否定的な回想に傾くことがあります。しかし，ライフ・レビューでは，自己の両面に気づき，ネガティブな感情や不安を表出することは，内面で自己を統合するためのプロセスの途中であることも考えられます。そのことから，セラピストは安易にそれに同情したり，話を変えたりすることは，好ましいものではありません。一方，一般的な回想グループでは，一人一人に対する個別の対応が難しく，場が混乱するようなことも予測されるので，深刻な心の問題に深入りしないようにすることも大切です。

音楽療法

音楽療法は，老人デイケアや病院のレクリエーションの一環として数多くおこなわれています。音楽療法とは，「身体的のみならず，心理的にも社会的にもよりよい状態（Well-being）の回復，維持，改善などの目的のために，治療者が音楽を意図的に使用すること」であると定義されています（全日本音楽療法連盟）。音楽療法の形態には，受動的音楽療法（音楽を聞くことが中心）と能動的音楽療法（音楽を自己表現の手段とする）があり，さらに個人療法と集団療法とに分けられます。

治療道具としての音楽の特性としては，1）知的過程を通らず，直接情動に働きかけることができる，2）自己愛的満足をもたらしやすい，3）美的感覚を満足させる，4）身体的運動を誘発する，5）コミュニケーション機能をもっている，などがあげられます。

高齢者を対象とする音楽療法では，グループで歌唱し，リズムをとるなどの能動的・集団的療法が多いようです。北本（1996，1998）は，「音楽を媒介とした心理治療」として音楽療法を位置づけ，老人病院における実践を報告しています。痴呆性疾患を有するクライエント約20名を対象に，治療目標として，1）残存する精神機能の賦活，2）他のクライエントとの交流，3）生きがいの発見と開発の場の提供をあげ，週1回，約40分のセッションをもっておこなっています。

簡単なセッションの流れは，まず，「開始前のウォーミングアップ」から始まり，「導入部」→「時候の話題」→「展開部（歌唱・リズム運動・器楽演奏・作業）」→「クーリングダウン（歌体操・おわりのうた）」となっています。認知症高齢者のセッションでは，不安の軽減のために「導入部」とおわりの「クーリングダウン」は一定です。

Key word

音楽療法

北本の実践では，1）音楽的構造（性別の音域への配慮，呼吸にあわせた伴奏，掛け声・歌詞の先読み・ベースのリズムなどの工夫），2）物理的構造（刺激の入力経路を活用する，難聴の方への配慮，クローズドグループの導入，メンバーの居場所定着の促進など），3）心理的構造（クローズドグループという通常とは異なる価値体系を提供する，ユーモアを交え，上質のおとなの遊びと秘密の共有，高齢者の喪失に沿う，関係性の回復，即興性を重視する）といったことから，多面的に治療目標に至る工夫がなされています。

　心理療法としての効果は，「認知症が進行しても，非言語的な媒介である音楽を用いたことでその有用性は高まり，普段は徘徊している方が，セッション中は落ち着いて音楽に耳を傾ける様子が見られる」「音楽を聞き，思い出がよみがえり，顔をほころばせる」などの肯定的な反応があることが報告されています。しかしながら，このような状況がセッション後に長時間持続することは難しく，さらにセッションの頻度や日常場面での音楽の活用が必要であるといわれています。

　このような高齢者を対象とする音楽療法に臨む姿勢として，1）クライエントの特性（問題性）をセッションで生かす，2）「音楽療法でなにを歌えばいいのか」ではなく，クライエント自身がなにを聴きたい，歌いたいと思っているかに添う，3）地域のなかでクライエントがどのような文化的背景を担って生活していたのか，そのクライエントの世代性（戦争体験・軍歌など）に関心をもつ，ことの重要性が指摘されています（北本，1998）。

　以上のような明確な目的とその効果を期待しておこなわれる音楽療法の実践以外にも，ケアの現場，たとえば，病院のラウンジやターミナルケアの病室などで，「やすらぐ環境」の一つとしても音楽が用いられています。音楽療法は，高齢者の機能を引きだすだけではなく，そこに参加する者の心にふれ，いきいきとした世界を体感できる場を与え，ことばを介さずとも交流できる可能性を有しているといえましょう。

Key word
芸術療法
コラージュ療法

芸術療法

　芸術療法には，主なものとして，音楽療法，ダンス療法，コラージュ療法などがあります。芸術療法は，一般の人から精神疾患や感情障害を有するクライエント，認知症疾患の高齢者に至るまでその応用範囲は広く，また非言語的な表現手段であるため，言語機能が障害された高齢者でも実施することができます。なかでもコラージュ療法は，痴呆デイケアや老人病院の精神科等のリハビリやレクリエーションにおいても比較的多く取り入れられています。

　コラージュ療法とは，コラージュ（フランス語で貼り付けるの意味）という自分の気に入った絵や写真を切り抜き，のりを用いて画用紙に好きなように貼ってゆく作業をし，作品を介してクライエントとコミュニケーションをはかり，クライエントの心的世界を理解しょうとする心理療法です。

　杉浦（1994）はコラージュについて，各年代の特徴について検討

し，標準的な発達的側面について報告しています。石崎（2000,2001）は，杉浦の知見とアルツハイマー病高齢者のコラージュを比較しています。それによると，認知症高齢者のコラージュの特徴として，切り方は四角が主で，平行に配置して貼り，作品の構成力が低下し，また作業開始の困難さもあるようです。コラージュ療法においても，事前の準備として参加者の認知障害の程度やADLを把握し，椅子やテーブルの設置など，スタッフの工夫と配慮が必要です。石黒ら（1998）が老人デイケアでおこなったケースでは，軽度の認知症高齢者（約12～15名）を対象に，作業療法士を中心としたスタッフ4名程度で施行しました。1テーブルに4名の高齢者と1名のスタッフがつき，片麻痺や車椅子の利用者の介助も必要に応じておこないました。参加者が作品の感想を述べる時間をふくめて1時間程度のセッションを年に6回のペースで継続しました。観察の結果は，そこでは車椅子から乗り出すほど熱心に写真を選ぶ姿や，コラージュボックスが目の前にあっても，自分の好きな絵を切るために，麻痺のある手でなんとかはさみをにぎる参加者の姿がみられました。この結果は，他のレクリエーションと比較しても，セッションにおける能動性や動機づけを高める効果が期待されるものでした。さらに，男だけのグループでは，若い女性の写真を貼ることが多く，作品を介して参加者に笑みがこぼれ，和やかなものでした。ある男性利用者の作品は，年配の男性と女性が対になったコラージュがほとんどでした。それが，ある作品を境に男性の写真が小さく貼られるだけの余白の多いものに変わったのです。男性利用者は妻と一緒にデイケアを利用していましたが，妻をガンで亡くしてしまったのです。スタッフは，心的喪失が表されたコラージュに胸がつまりました。このように，コラージュ療法は，その人の心的世界を理解するのに用いることも可能です。

その他の心理療法：その他，高齢者に対する心理療法としての使用頻度が高いものに，リアリティ・オリエンテーション（RO）があります。リアリティ・オリエンテーションは，おもに脳血管性痴呆の患者に適用され，日時や場所などの見当識や現実認識障害について，見当識の訓練をおこなうものです。下仲（1995）によると，リアリティ・オリエンテーションは，初期から中度の認知症高齢者において，残存機能を維持し，活性化させる可能性があることが示唆されています。さらにその他の心理療法としては，体に働きかける動作法，サイコドラマなどが，身体疾患や言語障害，認知症疾患に有効であるといわれています。

今後の課題

これまでのわが国の心理療法の実践をみてみると，次のような課題があることがわかります。

1. 高齢者の身体や疾患，とりまく環境を重視して，高齢者の失敗や障害を治すというものではなく（須貝・竹中，1995），高齢者の利益のために必要な心理療法の枠組みの検討が望まれ

Key word

リアリティ・オリエンテーション
動作法
サイコドラマ

Key word

チームケア
老年観
死生観

る。また，心理療法の限界と適用範囲を知り，クライエントの個性と病気の症状やレベルに沿った心理療法を目指す。観察力を磨き，それをチームケア・連携に生かす。つまり，医療，福祉のシステムの把握から，老年期に起こりうる疾患の基本的知識を修得し，より深い信頼と的確な心理アセスメントができるようにする。

2 高齢者の今，そしてこれからを豊かにする試み，生活の質，いわゆる，QOLを視野にいれた心理的ケア，トータルケアとしての位置づけが必要である（小沢，1998）。

3 高齢者臨床に関わるセラピスト（心理療法士）やカウンセラーは，老いることの意味に関心をもち，自身の老年観，死生観を磨く（山中，2002）。

コラム　認知症の人とのコミュニケーション法—「バリデーション」

　世界の認知症のケアの潮流は，「認知症の人」の「人」の部分を大切にするケアへと転換しており，わが国でも，ユニットケアやグループホームという新しいケアのあり方のなかで「バリデーション」への関心は高まっています。

　バリデーションとは，「アルツハイマー型および類似の認知症と診断された高齢者とのコミュニケーションをおこなうためのセラピィ」の一つです。バリデーション（Validation）とは，「確認」や「妥当化」を意味することばですが，心理療法の分野では，バリデーション療法として，以前から用いられていました。

　このバリデーション療法をベースにして，ナオミ・フェイル（Naomi Feil）氏が，1963年に，認知症の見当識障害にある高齢者と介護者（caregiver）のために開発したのが，このバリデーションセラピィです。フェイル氏は，1963年から，老年ソーシャルワーカーとして老人ホームで働き，その間に，認知症のお年寄りが示す身体的・行動的特性を見出して，その行動を理解するための仮説と実用的なテクニックを提唱しました。実用的なテクニックといっても，バリデーションを使って認知症の高齢者と交流をするには，フェイル氏の考える「人間としての欲求」やバリデーションの原則を深く理解する必要があります。フェイル氏は，まず，見当識障害のある後期高齢者の人たちとの関わりのなかで，彼らの精神・心理的欲求について関心を寄せ，以下のように述べています。

・人生を通じて，心のなかに閉じ込められた感情をすべて表現すること。
・視力，聴力，体の自由や最近の記憶が衰えたとき，心の平静を回復し，孤独から解放されること。
・以前の社会的役割を回復させ，過去のとても重要で愛した人物をよみがえらせるために，現在の人物を利用すること。
・死の前に，過去の不満足な人間関係を解決すること。
・平静な死を迎えるために，まだやり終えていない人生の課題を解決すること。

　フェイル氏は，認知症高齢者に見当識障害があっても，「彼らが属する世界をもち，主体性を見つけ，自分を表現するという人間的な欲求をもち続けていること」を，わたくしたちが認識することが大切であると述べています。そして，認知症高齢者と共に生きることによって，彼らが自尊心を取り戻し，また高齢者のストレスや不安を軽減し，さらに，その人の人生において，まだ終わらせていない仕事を解決する手伝いができるといいます。また，バリデーションの効果は，認知症高齢者だけでなく，介護者や認知症高齢者の家族にもあることが報告されています。最後に，基本的な人間としての価値観と信念を前提とした，バリデーションの原則の一つをあげることにします。

　　「共感と受容は信頼を築き，心配を減らし，尊厳を取り戻します。認知症の人の状況を本当に心から理解すれば，その人に対する介護の心構えが強くなります」。

問題
1 心理療法が，高齢者の心理的問題に有効であるという理由について述べなさい。
2 回想法とは，どのような心理療法ですか。
3 音楽療法，コラージュ療法の特徴とは何でしょうか。
4 今後の心理療法に望まれる事柄や課題には，どのようなことがありましたか。

国家試験問題
■問題　高齢者への心理療法に関する次の記述のうち，適当なものの組み合わせを一つ選びなさい。
　A　リアリティ・オリエンテーションは，グループを用いておこなうクラスルーム・リアリティ・オリエンテーションが唯一の方法である。
　B　回想法は，認知症高齢者だけではなく，一般の高齢者の生きがいを高める方法としても用いられている。
　C　高齢者は，生活してきた過程で多くつらい体験をしているので，カウンセリングでその痛みに触れることをしてはならない。
　D　音楽療法は，グループを活用しておこなうものに加えて，個人に対しておこなうものもある。

（組み合わせ）
1　A　B
2　A　C
3　A　D
4　B　C
5　B　D

■問題　グループを活用した高齢者への臨床心理技術に関する次の記述のうち，正しいものの組み合わせを一つ選びなさい。
　A　グループの発達を重視した方法は，一般の高齢者のグループでは重要だが，認知症高齢者のグループ活動では考慮に入れなくてよい。
　B　回想法は，元来，認知症高齢者への心理療法として提示されてきたもので，一般の高齢者のグループ療法としては活用されていない。
　C　現実見当識訓練「リアリティ・オリエンテーション（RO）」は，現在，修正ROとして認知症高齢者のグループホームにおいても活用されている。
　D　グループの形態には，メンバーの出入りが自由なオープン・グループと，決められたメンバーだけのクローズド・グループという二つの形態がある。

（組み合わせ）
1　A　B
2　A　C
3　B　C
4　B　D
5　C　D

■問題　高齢者の心理面への援助方法に関する次の記述のうち，正しいものに○，誤っているものに×をつけた場合，その組み合わせとして正しいものを一つ選びなさい。

A　カウンセリングにおいて共感と同情は，概念的に異なるものである。

B　認知症高齢者は，自分の苦しみやつらさも感じなくなっているので，その人の心の思いをじっくりと聞く心理的援助は意味がない。

C　高齢者の心理面への援助には，無意識のうちに援助者自身の老いへの価値観などからくる感情が反映されてくるので，援助者の心の動きへの理解も欠かせない。

D　高齢者の心理面への援助方法として，最近活用されているものに，回想法，音楽療法，心理劇などがある。

（組み合わせ）

	A	B	C	D
1	○	○	○	×
2	○	×	○	○
3	○	×	×	○
4	×	○	○	×
5	×	○	×	×

文献

Feil, N. 1993　篠崎人理　高橋誠一（訳）　2001　痴呆症の人との　超コミュニケーション法　バリデーション　筒井書房（Feil, N. 1993 *The Validation Breakthrough: Simple Techniques for Communicating with People with "Alzheimer's-Type Dementia"*）

林　智一　1999　人生の統合期の心理療法におけるライフレビュー　心理臨床学研究，第17巻第4号，390-400.

石黒眞須美・稲谷ふみ枝　1998　The effect of Collage therapy in elderly "痴呆高齢者へのコラージュ療法の応用"　国際社会老年学会第6回大会発表論文集，228.

石崎淳一　2001　コラージュに見る痴呆高齢者の内的世界—中等度アルツハイマー病患者の作品から—　心理臨床学研究，第19巻第3号，278-289.

石崎淳一　2000　アルツハイマー病患者のコラージュ表現—形式・内容分析結果—　心理臨床学研究，18(2), 191-196.

加藤正明　1991　老年期神経症の特徴　老年精神医学雑誌，第2巻第2号，145-151.

川室　優　1995　グループセラピー：親和的対人交流集団精神療法を中心に　老年精神医学雑誌，6, 1503-1511.

北本福美　1996　老人臨床におけるグループ音楽療法の試み　心理臨床学研究，14, 141-151

北本福美　1998　第3章Ⅱ音楽療法　黒川由紀子（編）　老いの臨床心理　日本評論社

黒川由紀子　1994　痴呆性老人に対する回想法グループ　老年精神医学雑誌, 5, 73-81.
黒川由紀子　1995　痴呆性老人に対する心理的アプローチ：老人病院における回想法グループ　心理臨床学研究, 13, 169-179.
野村豊子　1992　回想法グループの実際と展開：特別養護老人ホーム居住老人を対象として　社会老年学, 35, 32-46.
野村信威　2001　老年期における回想法とライフレビュー　行動科学, 第40巻第2号 19-28.
小沢　勲　1998　痴呆老人から見た世界　岩崎学術出版社
下仲順子　1995　リアリティ・オリエンテーション　老年精神医学雑誌, 第6巻第12号, 1485-1491.
須貝佑一・竹中星郎　1995　痴呆性精神疾患の非薬物的アプローチの臨床的意義と適応　老年精神医学雑誌, 第6巻第12号, 1471-1475.
杉浦京子　1994　コラージュ療法―基礎的研究と実際―　川島書店
山中康裕　2002　高齢者臨床におけるコア　臨床心理学, 第2巻第4号, 441-446.

認知症高齢者のグループによる作品

13

高齢者へのカウンセリング

Key word

カウンセリング

福祉・医療とカウンセリング

　福祉や医療の現場，とくに老人保健施設や知的障害者や児童などの福祉施設において，その利用者の適応を促進し，リハビリや治療の効果を上げるうえで，心理的側面からのカウンセリングの必要性が高まっています。心理臨床の分野でおこなわれるカウンセリングとは「心理面の問題をもつクライエントに対して，心理臨床家の専門家としてのカウンセラーが面接によって援助していく」ことをいいます。

　このようなカウンセラーとクライエントとの関係は「援助的なコミュニケーション過程」であり，医療・看護における専門家と患者の関係やその援助過程と類似しているといえます。しかも，この基本的な姿勢は，高齢者を対象とするカウンセリングにおいても，一般的なカウンセリングのあり方となんら変わるものではありません。しかし，それと同時に，高齢者カウンセリングにおいては，やはり身体的老化の影響や老年期にみられる特有の重要なテーマが存在することも無視することはできません。

　この章では，心理臨床的アプローチとしてのカウンセリングの基本を述べるとともに，高齢者福祉や医療の現場でカウンセリングがどのように応用されているのかをみていきます。また，最後に対象となるクライエントの心理について述べることにします。

カウンセリングの基本

　心理カウンセリングの理論には，主なものとして次の3つがあり

ます。
1) ロジャースのクライエント中心療法：実存主義に基づき，心理治療だけでなく全人格的な成長を目指すもので，技法としては「傾聴・共感・受容」による理解である。
2) フロイトに始まる精神分析療法：19世紀末の自然科学的な因果論で心の問題を説明し，神経症は幼児期に受けた心の傷（トラウマ）がもとで発症するという見方である。技法には，自由連想法，夢分析，治療への抵抗の分析，感情転移・逆転移について患者とセラピストの関係を検討する。
3) 学習理論にたつ行動療法：人間の学習によって得られる経験を重視し，心の問題解決に適用するもので，技法としては不適切な行動をアセスメントして，その行動を消去する行動修正技法や学習プログラムの適応などがあげられる。

この3つの理論のうちどの理論を背景とした技法を用いるかは，それがクライエントの目的に沿っているか，効果的に適用できるか，自分のパーソナリティに合致しているか，を判断して選択することが重要です。そのためには，カウンセラーは自分の個性や適性を知り，当然のことながら，カウンセリングの技法について習熟していることが必要です。

また，クライエントとカウンセラーの基本的な関係として次の3つがあげられます（岡堂，1995）。
1) カウンセラーがクライエントに対して積極的，肯定的で誠実な関心を示すことで，クライエントがあるがままの自分が理解され，受容されているという体験が得られるような関係
2) クライエントがカウンセラーに信頼感をもち，カウンセラーとともにいることで安全を感じることができる関係
3) カウンセリングにおけるカウンセラーとクライエントとの関係は，時間・空間・役割・責任などの面で一定の限界があるが，その限界のなかでクライエントが問題を解決し，発達できるような関係

受容的交流

一般に，精神科における医学的治療や痴呆高齢者の臨床においては，疾病の原因を治療し，病気を"治す"場は限られています。このことから，クライエントの心的不安や成長を支えるためのカウンセリングが必要になってくるのです。カウンセリングにおいては，疾病によって引き起こされたハンディキャップを抱きながら，よりよい人生を生きるクライエントの「生活の質（QOL）」を向上させるような役割も求められているのです。

言い替えれば，小此木（1998）のいう「本人の成長を妨げている環境やその人の内面に関わり，適応や成長を支える」ことが，カウンセリングの基本的で重要な技法となるのです。つまり，それは，上に述べたロジャースの「受容」と「共感」といわれるものです。

Key word

クライエント中心療法
精神分析療法
行動療法
受容的交流

Key word

共感
受容

とくに，高齢者の心理臨床においては，これら「受容」と「共感」を基礎とした受容的交流が有効であるといわれています。クライエントの言動を否定せず，「共感」をもって受け入れる，受容的交流を心理技法とする実践では，認知症高齢者の精神症状や不適応状態を改善に導いた例が示されています。

ところで，いったい「受容」とは，どのような態度を指すのでしょうか。そして「共感」とは，どのような感じ方をいうのでしょうか。「受容」とは，心理療法の技法としては，「そうですね」「こんな感じでしょうか」という受容的なことばによる応答としての受容的態度を指しますが，本来，クライエントの存在価値を受容することを意味します。つまり，カウンセリング関係のなかで，安易にクライエントの言動を評価することはせず，その存在に素直に肯定的な関心を寄せることです。また，「共感」とは「クライエントの内的な世界をあたかも自分自身のもののごとく感じる」心であるといえます。しかし，他人の心のうちを自分のものとして感じることは容易なことではありません。受け手が「きっとこんな感じなんだ」と勝手に考えることではなく，「Tさんが頭が重いと言っていた。こんな感じだろうか，でもどうだろうか」と，言われたことばを受け止め，そして今の自分で想像できないことは，「Tさん，"頭がおもい"のでしょう。どんなふうにおもいのですか」と素直に聞いてみます。

黒川（1998）によれば，人生経験が豊かな高齢者は，にせものの「受容」や「共感」には驚くほど敏感に反応し，「わたくしも似たような体験をしたことがあります。物忘れなら，わたくしだってしますよ」といった安易な受容もどきや共感もどきは，高齢者との溝を深めるばかりであることがわかっています。クライエントとの本当の「受容」や「共感」がいかに難しいかは，多くの場合，実践をおこなうなかでそれを通して理解されるようになります。

介護の場におけるカウンセリング

次に，高齢者施設における心理面接の事例を報告し，老年期に共通してみられるテーマ（林，2000）を引用しながら，カウンセリングのもつ視点や可能性を検討することにします。

1) 老年期にみられる重要なテーマ：老人保健施設に長期に入院している老年後期高齢者の事例を報告しています。主訴として「居場所のなさ」や「子どもが自分より先に死んで残されることへの不安」を訴える90歳の女性に対して2年9か月にわたって62回の面接を週1回50分，クライエントの居室にておこないました。

2) 生育史：実家は富裕な農家の第2子として生まれ，18歳で見合い結婚し，5人の子どもをもうけたが，面接開始の約5年から10年の間に夫と長男をはじめ息子3人を亡くし，腰痛で歩行が困難となったクライエントは，残された2人の娘に負担をかけないようにと，クライエント自らの気持ちで老人保健施設に入所した。

3) 面接の形態：移動の困難なクライエントは，ベッドに腰掛け，その横に椅子をほぼ直角におき，なんでも自由に話をするということで始められた。
4) セッションを通してくり返されたテーマ（話の主題）：居場所のなさ，信仰，家の恥（長男の嫁が自分の面倒をみてくれない），孤独と不安と安寧，罪悪感，墓などが共通してみられた。
5) スタッフとの連携：スタッフへのコンサルテーションでは，「クライエントが同室者を嘲笑したり，スタッフに対して不平不満が多すぎる」ことに対して，セラピストは「クライエントには，どうして子どもが自分の面倒をみてくれないのかという怒りが存在し，それが同室者やスタッフへの不満，攻撃という形をとっている」ということをカウンセラーがスタッフに伝えている。
6) セラピストの存在：クライエントからすればスタッフは孫のような年代であり，面接を通して理想化された子ども，あるいは，孫像が投げかけられていたようであり，セラピストは自分に投げかけられた暗黙の（投影）役割を自覚することが重要である。
7) クライエントの気づきと変化：
　①居場所がないというクライエントの「受容」：
　　　老人保健施設から特別養護老人ホームへ行くことになったクライエントは，「せっかくここになれたのに，いまさらよそへ行けというのはあんまりひどい……」といい，"人はみな浄土に成仏できる"という教えを何度も語る。そのクライエントの心情について，セラピストは，現世に居場所のないクライエントにとっては，浄土だけが唯一の約束された安住の場であるのかもしれないと受けとめる。
　②過去をふりかえるためのサポート：
　　　面接のなかでセラピストは「わたくしにもいろいろなことを教えて下さい。話をうかがって得るところが大きいのです」とクライエントが内面をあらわすようにサポートする。そのなかで，クライエントが忘れていた両親との思い出，祖先から受け継いできたものが仏壇だけではなく，世代のつながりであったことに思い至る。また，親戚や昔の知り合いが今もクライエントを気遣ってくれていることに気づく。スタッフから夫の命日に小菊を分けてもらったことへのうれしさをカウンセラーに伝え，「わたくしは恵まれていますね」という。ふりかえってそこにあるものの存在に気づき，そして「恵み」を感じて，人に思いやりをあらわすことがなされる。
　　　さらに早逝した息子たちの死について，「息子はどんな気持ちで亡くなったんだろうか」とその心情にも思いを馳せる。クライエントなりの喪失に対する意味づけがなされ，逆縁の不幸を受容している様子がみられる。

この事例では，カウンセリングの経過とともに，自らの老いや施設に入ることによって起こる高齢者の苦しみや高齢期の心理社会的発達課題が現われてきます。クライエントとカウンセラーのつながりが深まるにつれて，クライエントに漂っていた自己の寄る辺のなさを，「ライフサイクルの連続性」，つまり，次代に引き継ぐという感覚を通して，「内的に自己を定位する」ことができるようになります。また，クライエントにとって，あの世であり，念仏を唱えることが唯一であった浄土が，セラピストとの会話を通して，気持ち次第で"今，ここ"に浄土が現出するという認識に至るようになります。いずれの場合も，セラピストがクライエントになにかを教えたとか，クライエントの認知を積極的なものに変えようとしたわけではありません。クライエントの心のなかに積み残されていたことを表現する時間と場所を確保して，セラピストがその話題に耳を傾けていくという関係のなかから，変化はみられるようになったのです。こうみていくと，カウンセリングとは，クライエントが日常に"生きる意味"を見出すことにセラピストがそっと寄り添っていくことである，ということがわかってきます。

クライエントの心理
　クライエントの立場にたつカウンセリングマインドに基づいた介護や看護が重要であるといわれています。しかし，その介護や看護は，患者としての置かれた立場を理解するだけではなく，看護・介護される側の心のうちを知り，クライエントの心の内面についての理解を深めることが重要です。

Key word
ライフ・クライシス

　1) **ライフ・クライシスにある患者**　病気であるということは，健康な安定した状態から不均衡な状態への移行という意味で，危機的状態にあるといえます。その危機的状態とは，入院による家族からの分離，重要な社会的役割の喪失，自尊心に対する脅威，激しい不安や罪責感，寄る辺のなさ，不確かな未来に直面するなどを意味し，ときに自分では統制できない状況に対応しなければならない状態を指します。しかし，クライエントがどの程度の危機的状態なのかは，患者のパーソナリティ，病気の特徴，環境条件などによって左右され，誰もが一様にライフ・クライシス，すなわち，人生の危機に陥るわけではありません。
　危機に際して次のような患者のストレスや心の動揺が予測されます。
　①**病気と治療環境ストレス**：患者のもつストレスとしては，患者のもつ病気そのものからくるストレスと，それによってひき起こされるさまざまなストレスを考慮する必要があります。自宅で暮らす日常から引き離された患者は，病院での診断や治療環境から生じるストレス，治療機械に接するなどの，多くのストレッサーに囲まれながら病気に立ち向かわなければなりません。
　②**人間関係ストレス**：医療・介護従事者との関係からくるストレス

といった人間関係のストレスもあります。看護師や介護士が患者のニーズを把握しようとするように，患者もまた世話してくれるまわりの介護者や看護者に気を使い，医師やケアギバーの働きかけに応えようとしているのです。そのなかで，病室の変更や担当医師や看護者の交代がたびたび起こることは，それが必要な処置であったとしても，患者の側にとってはそれまでせっかく形成した関係を切断し，もう一度一からやり直すということで，大きな負担となるのです。

③**クライエントの感情の安定**：入院後，適応し心身の均衡を取り戻すためには，クライエントの感情の安定が重要な課題となります。クライエントの心のうちには，混乱，不安感，疎外感，孤独があり，自尊心を支え，希望を維持することによって，感情は安定し，適応的な行動できるようになります。たとえば，日常の多忙を理由に，クライシスに直面したクライエントの感情の動揺や，心の乱れを無視し，軽視することは，そのあと，患者の心理的危機をまねくことにもなるのです。

2) **危機状態への対処・クライエントのコーピングスタイル**　患者が服薬を拒否したり，また必要とされる看護や介護を拒んだり，病気への対処の仕方には，個人の間で違いがあります。人は心身の問題に対して，それまでの経験を通して異なる取り組み方を身につけているのです。このような問題に対処する様式のことをコーピングスタイルといいます。病気のときの対処スタイルとしては，事態を論理的に分析して認知的に評価する「認知評価型」や，情報や支援を求める「問題解決型」，気持ちの安定化に気晴らしや事実や感情を否認するなどの「情緒安定型」があります。

個人の対処スキル・防衛機制：また，個人の対処スキルとしては，その人が病気という危機的状態から精神的危機に陥らずに自分を守ろうとする心の働きもあります。この心理的な働きを「防衛機制」といいます。「防衛機制」のなかには，たとえば，からだの麻痺で運動ができなくなってから，短歌に想いをつづるといった「昇華」や，体調が思わしくないにもかかわらず何事もないように振る舞う「否認」，介護をしてくれている嫁がわたくしのことを怒っていると訴える「感情の投射」などがあります。しかし，たとえクライエントのコーピングスタイルやそのスキルが一見好ましくないものであっても，その人の言動を強く否定したり，無理に変えさせると，クライエントが自閉的になり，治療意欲を喪失し，無気力に追い込むことにもなるのです。支援する側は，まず患者が危機に際して示す適応行動を把握し，その人の必要としている支援を与えることが望まれます。とくに，抑圧や否認など，怒りやうつ状態に結びつく心理的機制によって精神的なバランスを保っているクライエントに対しては，すぐに現実的な対処スキルを促すよりも，まず自分の気持ちを表現できるような信頼関係を築くようはたらきかけることが大切です。

Key word

危機状態
コーピングスタイル

Key word

役割変化
患者役割期待

3) **病気による役割変化**　病気は人生のライフイベントとしてとらえることができます。人は病気を抱えることによって，患者としての患者役割やケアされる立場への役割変化を経験することになると考えられるからです。患者役割は，入院か外来かという医療の場の違いによっても大きく異なります。しかし，それには，もう一つの別の要因もあります。つまり，患者としてどのような役割をとることが期待されているかということです。これを「患者役割期待」といいます。

①**医師－患者モデル**：そこで重要となってくるのが，医療従事者と患者の間の関係のモデルです。医師－患者関係のモデルとしては，主として，(1) 能動性－受動性モデル，(2) 指導－協力モデル，(3) 相互参加モデル，が仮定されます（清，2000）。

(1) の能動性－受動性モデルは，医師が決定を下し，患者は無力な状態にあり，緊急な救命措置における関係として提出されたもので，権威主義や父権主義に規定された関係であるといえます。(2) の指導－協力モデルは，医師が指導者となり，患者は意思の説明や指示を理解して従うことで医師に協力する。患者はあくまでよき追従者，協力者であることが期待されます。(3) の相互参加モデルは，医師のアドバイスに基づいて薬を服用し，検査を受け，双方で意見を交換し，治療過程に参加するというものです。この相互参加モデルは，医師が患者の能動性や主体性を引き出していく関係でもあります。

わが国のこの医師－患者関係は，70年代以来変化をとげてきました。かつては (1) のような能動性－受動性モデルであったものが，経済や生活レベルの向上にともなって能動的な主体者としての患者が出現し，(2) の指導－協力モデルの関係が増大するようになりました。

②**相互参加モデルの重要性**：そのなかで，今後望まれる関係モデルとはいかなるものでしょうか。近年，自己決定や知る権利を求める傾向が高まり，高い「生活の質（QOL）」を目指すこれからの社会では，医師－患者関係モデルにおいても，患者の能動性，主導性が発揮される相互参加モデルの構築が求められるようになると思われます。

わたくしたちは，その立場や個人の思考や感情のなかで暗黙のうちに，自分に都合のよいクライエントとの関係モデルを築いていることがあるかも知れません。そして，その自分に都合のよいモデルに当てはめてクライエントに対して安易な評価を下しているかもしれないのです。面倒をかけない患者が"良い患者"であり，"悪い患者"は看護や介護の現場で扱いにくい患者であると考えることも起こらないとはいえません。事実，これまで医療や福祉の現場における優れた支援，たとえば，認知症の人の交流技術であるバリデーションを考案したナオミ・フェイルや認知症の看護に功績のある五島などの支援は，一方的に臨床の場で"悪い患者"として意味づけられた人びとから学び，これまでの看護や介護の取り組みを見直し

4）死を見つめるクライエントの心理 現在の医療技術をもってしても治療が困難とされ，余命がいくばくもない人たちの心のうちを察することは非常にむずかしいことです。高齢者の施設や病院で，死を間近にしたクライエントにいかに接することができるのでしょうか。

末期患者の心理的プロセス：がん患者の精神状態のプロセスとして有名なものとして，キュブラー・ロスの提示した5段階の心理的プロセスがあります。

第一段階は，「否認」で，自分ががんであるはずがないと現実を認めようとしない段階です。第二段階は「怒り」で，なぜ自分がこんな病にならなくてはいけないのかという，自分そして周りに怒りを向ける段階です。第三段階は「取り引き」で，人や神に対してなんらかの申し出をして取り引きができれば，死を回避したり，引き延ばせるかもしれないと考える段階です。第四段階は「抑うつ」で，いくら現実を否認しても，怒りをぶつけても，この病から逃れることはできないことに気づき，身体的な衰弱を自覚し，抑うつ状態を示す段階です。この時期がん患者は2つの理由から抑うつ反応を示すといわれ，その1つは過去にもっていたものを失うことからくる「反応抑うつ」であり，もう1つはこれから失うであろう命や自分の人生に別れをしなければいけなくなるという「準備抑うつ」といわれるものです。第五段階は「受容」で，最後の段階となるこの時期は，悲しみや怒りを出し尽くし，苦痛との戦いが終わり，自分の終わりを静かに受け入れる時期です。

このキュブラー・ロスのモデルに対して，上野（1984）は日本人のがん患者のモデルを示しています。上野は，がんの告知を受けたか，間接的に知ったか，知らない場合で，心理的プロセスは異なることを指摘しています。がんの告知を受けたときは，キュブラー・ロスの示したモデルと同じようなプロセスを示すが，その心理状態は，怒りと抑うつの間を複雑に推移し，間接的に知った場合は，不安と恐れの間を行ったり来たりするといいます。いずれの場合でも，患者はわずかな希望をもち続け，生きることを諦めているのでは決してないということを忘れてはなりません。

これらの知見は，人が死を意識したときに起こる心理的変化として非常に重要なものですが，やはり死に対する姿勢は，人によって大きく違うものです。死という未知との遭遇においては，個人の尊厳を守るようにできるだけの配慮をするしかないのかもしれません。村瀬（2002）は，「高齢者に関わるものは，個々のその人その人の有り様，終焉に意味を発見し，謙虚な心持ちをもつことが基盤であろう。死を目前にした高齢者の語りには，心をこめて素直に聞き入る，その個人の考え方，感じ方を受け止めるようにすること」と述べています。

Key word

末期患者の心理的プロセス

コラム　スウェーデンの老人医療で働く臨床心理士

　スウェーデンのストックホルムには，17の老人科の専門病院があります。そして，そこにおける高齢者臨床心理学の定義とは，「心理的に通常の加齢であるのか，あるいは，精神的障害やその他の疾患で加齢に影響が出ているのかを判断するとともに，それらの治療に関する研究や，介護についての調査をおこなうことである」とされています。
　臨床心理士はすべての老人科医療専門病院に配置されてはいませんが，そのニーズは高く，常勤でなくても非常勤として高齢者の専門病棟でおもに心理査定などをおこなっています。また，実際の病院臨床の場面では，入院病棟や外来において，先ほどあげた心理検査を基本としたアセスメントを医師とチームを組んでおこなっています。とくに老人病院では，認知症疾患に関する業務が中心のところも多いようです。
　老人科病院で，臨床心理士の職域は広く包括的で，具体的には以下のことがあげられます。
　　1) 診断・評価——通常の加齢と，器質的・機能的精神障害の鑑別
　　2) 心理療法・アセスメント——個人・グループで心理療法治療をおこなう。また，介護ケア，住宅等における機能向上（リハビリ）に向けた助言。
　　3) 相談——診断・評価と治療に関して，高齢者，家族，介護職員に助言をおこなう。
　　4) 行政との関わり——高齢者の機能や状況に基づいて社会的計画，住宅，介護環境を整える。
　　5) 調査研究——以上の分野についての理論，方法，開発，評価に関する研究をおこなう。

　スウェーデンでも後期高齢者の増加にともない，認知症疾患を有する人たちへの支援は重要な課題となっています。老人科医療でも，認知症について一番大切なことは，職員がそれについての知識をもつことであるといわれています。そこでは「認知症の最高の薬は心のある対応」といわれており，職員も家族も認知症についての知識をもち，次に起こることを予測し，準備することが必要であるといわれているのです。

問　題

1　カウンセリングの基本となる，3つの理論について述べなさい。
2　受容的交流とは，どのようなものですか。
3　老年期のカウンセリングにみられる重要なテーマについて考えてみましょう。
4　介護・看護される側の心理を，ライフ・クライシス（人生の危機）としてとらえることの意義について考えてみましょう。

文　献

林　智一　2000　老人保健施設における心理療法的接近の試み——長期入所の高齢期女性との心理面接過程から——　心理臨床学研究，第18巻第1号，58-68.
黒川由紀子　1998　老いの臨床心理　日本評論社
岡堂哲雄　1995　スクールカウンセリングの技法と実際　至文堂
小此木啓吾　1998　精神科治療の課題　精神医学ハンドブック　創元社
大木桃代　2000　サイコオンコロジーにおける患者支援　現代のエスプリ　別冊　患者の心理　至文堂　pp.119-131.
清　俊夫　2000　患者に期待される役割と適応　現代のエスプリ別冊　患者の心理　至文堂　pp.67-78.
上野郁子　1984　末期癌患者の心理過程についての臨床精神医学的研究　精神神経学雑誌，86，787-812.
村瀬嘉代子　2002　高齢者心理臨床と死　臨床心理学，第2巻第4号，502-508.

作品とむかいあい，次回のリハビリにいかす

14

高齢者福祉と心のケア

Key word

介護の社会化
心のケア

介護の社会化

　これからの超高齢社会のもつ大きな問題は，介護を必要とする人に対してどのようなシステムで，どのような介護をおこなうか，ということです。そのシステムの一つとして，高齢者への心理的支援を検討する必要があります。

　わが国では，高齢化にともなって起こる介護の問題は，これまで家庭のなかの問題とされてきました。しかし，高年齢になるほど認知症や身体的疾患も増加するなかで，家庭における介護者の肉体的，精神的負担は重く，さらに経済的にも，その負担は家庭のなかだけでは抱えきれなくなってきたのです。そこには，介護の負担が嫁や娘という女性に集中することや，年老いた夫婦の居住形態が増加するなか，90歳を超えた親を70歳の子が介護するという老老介護の問題も出現するようになったのです。このような社会現象を背景として，高齢社会における介護は，社会全体でおこなうべきだという議論が湧きあがってきました。そして，2000年4月より，「介護の社会化」という意味をもった介護保険制度が発足したのです。

　それと同時に，高齢社会では，このようなシステムの構築とともに，家族から離れて施設で暮らす高齢者の精神的な問題や高齢者の人権，また病弱な高齢者を支える家族や福祉施設で働く人びとのバーンアウトの問題というソフト面からの支援もまた不可欠なものとなってきたのです。

　この章では，このような高齢者福祉に期待される"心のケア"について述べることにします。

老人保健施設と特別養護老人ホーム

　わが国の高齢者のための福祉施設には，養護老人ホーム，特別養護老人ホーム，老人保健施設，ケアハウス，高齢者生活福祉センターなどがあります。それに対して，高齢者が在宅サービスを受けることができるものに，ホームヘルプサービス，デイサービス，ショートスティ，在宅介護支援センター，老人訪問看護ステーションなどがあります。現在の高齢者福祉の流れは，経済基盤によるところも大きく，在宅ケア重視の政策が進められています。本来，在宅ケアの主眼は，個人の自立性や社会性の維持や向上にあり，また誰しも終の棲家として住み慣れた自宅を望んでいるのです。しかし，充実した在宅サービスを提供するシステムの構築や，その財源は，今後に託されているが現状です。

　老人保健施設は，症状が安定した状態にある要介護高齢者に対して，リハビリテーションや看護介護を中心とした医療ケア，および生活サービスなどをあわせて提供する施設です。この施設の基本方針は，高齢者の自立を支援して家族復帰を目指すこと，そしてそのためには，明るい家庭的な雰囲気を有し，地域や家庭との結びつきを重視した運営をおこなうことです。施設には，高齢者のベッドがある部屋のほか，診察室，機能訓練室，談話室，食堂，浴室，レクリエーション・ルーム，トイレ，サービスステーション，調理室などがあります。一般に通過施設といわれているように，高齢者の家庭復帰が目標となるので，現状では病室もシンプルで数人のグループ部屋で生活がおこなわれることが多いようです。

　一方，特別養護老人ホームは，65歳以上で身体上もしくは精神上に障害があるために日常生活に支障がある人のための入所施設です。入所の条件は，1) 健康状態が入院加療を要する病態でないこと，2) 日常生活動作（ADL）事項のうち，全介助が1項目および一部介助が2項目以上を有すること，3) 痴呆等精神障害の問題行動が重度か中度に該当する者，となっています。施設は，居室，食堂，浴室，医務室，調理室，寮母室，機能回復訓練室などがあります。スタッフは，医師，看護師，看護・介護職員，生活指導員，機能回復指導員などがいます。特別養護老人ホームにおける心理的適応の試みとしては，利用者が老人ホームの生活になじんでいく過程が検討されています。入居者の施設適応には，1) 入居の自発性，2) 入居の予測や入居にともなう出来事のコントロール可能性，3) 入居前後の環境差が小さいこと，4) 適切な入居準備教育があげられています（小倉，2002）。

　このような多くの条件が必要といわれるなかで，特別養護老人ホームなどにおいては，心身機能が低下し，対人場面の自信や自己評価の低下している入居者のほとんどが，安定した日常生活に移行していきます。ホームの高齢者は，ホームの食事や歌，草花など身近な素材に対して自分の五感を働かせ，経験を活性化させて，ホームの環境に応えてホームと自分との関係をつくっていきます。入居者の一人一人のプロセスをみていくと，高齢者の環境に対する能動

Key word

老人保健施設
特別養護老人ホーム

性や柔軟性はすばらしく，その適応能力には驚くべきものがあります。人生の最後の時期に大きな適応の試練を迎える施設高齢者は，その姿からそれまで培われたコンピテンスが最後のときまでわたくしたちを支えることを教えてくれます。

Key word
グループホーム
ユニットケア
介護負担

グループホームとユニットケア

最近，とくに認知症高齢者に対する対応として，施設のあり方を含めた生活の場の対応が摸索され，認知症高齢者を対象としたグループホームや老人保健施設や特別養護老人ホームにユニットケアを取り入れる試みがなされています。

グループホームとは，8人程度の認知症高齢者が，小規模な生活の場で共同して家庭生活をおこなうことを目的とした場所で，認知症高齢者の心理的安定のための応対が期待されています。その具体的応対の特徴として，1) なじみの集団と安心の場を提供する，2) できるかぎり制約のない雰囲気をつくる，3) 一人一人が大切にされる雰囲気づくり，があげられます（長嶋，2001）。

また，ユニットケアとは，既存の施設の構造を細かな単位にして，より家庭的雰囲気を大事することが目的となっており，それまで食堂や入浴室が全体で使用されていたものを，4～8名の居室とそこに居間や食堂を設置し，1つのユニットを構成するようになっているものです。このようなグループホームもユニットケアも，その基本概念は同じで，利用者の認知症の進行が穏やかになり，心理的に安定し，その人らしい人間としての生活ができることを目指したものです。

ところで，高齢者施設によってその入所の条件が異なるため，その利用者の心身の状態の特徴も，施設によって異なる傾向があります。とくに精神疾患の有病率は，軽費老人ホームより先にあげた養護老人ホームや特別養護老人ホームで高くなります。特別養護老人ホームでは，認知症疾患の有病率が大半を占めるほか，うつ病，躁病，統合失調症（分裂病）などの疾患も増加します（笠原ら，1991）。やはりホームの特徴を考慮したスタッフの配置や心理的ケアの強化が，今後さらに検討される必要があるといえます。

家族への心理的支援

自分が病気になったとき，「住み慣れた家で介護を受けたい」というのが多くの人の願いです。一方，最近は「年をとって家族に迷惑をかけたくない。自分のために家族の生活を犠牲にしたくないから施設で介護を受けてもいい」と思う人たちも増えています。このような世論が出てくるほど，市井の在宅で介護をおこなう場合，人的資源や環境整備が必要であり，在宅介護者の介護負担は重いということなのです。わが国では，家族介護における主たる介護者は，娘や嫁，つまり，その多くが女性で，介護の問題は女性の問題でもあるといわれています。

実際に，家庭で介護に従事している人たちのなかには「自分も年

をとってきて体力が落ちた。腰痛がひどく，移動させるのもつらい，この先どうなるのだろう」「毎日，食事の世話や下の世話で夜も眠れない，この生活のくり返しは，いつ終わるのだろう」「自分のしたいことも，外出もままならない。誰も感謝してくれない」といった，介護者の身体的健康の問題，さらには，社会との隔絶感や拘束感，将来への不安など，家族介護者はきわめてストレスのかかる状況のもとにあることがうかがえます。

　家庭で介護を維持していくための要因としては，1）家族のなかにどれくらいの協力体制があるか，2）被介護者の病態の程度（とくに痴呆が中程度以上であると困難になる），3）住宅要因，4）介護者の負担感や意欲などの心理的要因があります。また，負担感に関連する要因として，「介護者の健康状態」「対象者の精神症状」「介護時間」などが指摘されています。さらに，介護負担における心理的要因としては，犠牲感ややりがいのなさ，介護者と被介護者との人間関係の不良などがあるようです。

　一方，このような介護負担をどのように軽減していくかについての検討もおこなわれています。最近，介護負担の軽減要因として，介護者の有するソーシャルサポートやストレスに対するコーピングなどの対処法が有効であることが示されています（新名，1991等）。そのなかで，介護者の介護に対する肯定的な評価が，介護の負担感や介護継続に影響をおよぼすことも明らかにされています。つまり，多くの責任や精神的ストレスのなかにあっても，介護によって得られる喜びや満足感や介護者自身の自己成長感が，介護者がもうこれ以上介護を続けることができないという「限界感」を軽減させるというものです。しかしながら，このような軽減効果も，介護者の拘束感を低めるものではないようです。

　とくに認知症高齢者を介護する場合，その家族や介護者の心理的負担は，ときに肉体的疲労に勝るほど重いものであるといわれています。ともに苦楽をともにして人生を歩んできた配偶者や優しかった親が，認知的障害である健忘を示し，次第に一番身近な家族を認識できなくなり，人格が崩壊するさまをそばで経験することは，家族にとってなによりも悔しく，辛いことです。

　介護の記録を綴った手記などをみると，このような愛する家族が認知症になった家族の心理について知ることができます。そこには「認知症高齢者を抱える家族の喪失感や悲哀」が細やかにあらわされています。わが国では，たとえば老老介護の11年間の夫婦の絆を短歌に込めて綴られた「八重子のハミング」をはじめ，いくつかのドキュメントがあります。また，スウェーデンでも，夫婦ともに著名な作家であったウッラ・イサクソンが，夫が認知症となった妻の心中を書いています。その手記からは，夫の心に近づけない妻の辛さなど，家族が認知症を受容することがいかに難しいかを教えてくれます。その本は，スウェーデンでは，高齢者に携わる専門家の必読書となっています。

　このような介護に際してその家族の心理を理解することが，認知

Key word

限界感
家族の喪失感・悲哀

症疾患の介護現場の心のケアにとってきわめて大切なことです。

介護施設や病院における利用者の家族への支援

　ところで，北欧やカナダの高齢者施設と日本の施設でみられる違いのなかで，これらの諸国では，家族がよく施設を訪れ，施設のなかで家族が一緒にすごす時間が長いことがあります。もちろん，欧米と日本では，施設建物の構造上の問題や家族の住居と高齢者施設との距離が遠いことなどの違いがあります。しかし，わが国では，比較的近くに施設があっても高齢者が施設に入所した途端に，家族の足が遠のいてしまうという現実があります。利用者にとって精神的な支えは，家族や友人であり，生きる意欲や生きがいでもあります。今後，施設において利用者と家族を遠ざけないようなあり方や処遇が求められると思います。そこで，利用者の家族の支援を展望して，具体的な応対をあげてみることにします。

> **Key word**
> 家族の絆
> バーンアウト

1) 利用者と家族の絆をつなぐための支援：家族の罪悪感の存在を知り，あまり来ない家族や高齢者に冷たい家族にもあたたかい応対を心がけること
2) 家庭復帰を果たすために，入院期間中，看護・介護・施設スタッフが家族に声をかけること，高齢者と家族に自宅生活のビジョンを具体的に示すことや通所リハビリについての見通しを本人と家族を含めて相談すること
3) 担当の介護者が家族に利用者の毎日の細かな介護，リハビリの様子を伝えることによって，家族を傍観者にしないよう心がけること
4) 家族や高齢者から得た個人的な情報は高齢者の利益に基づいてのみ交換すること

専門職のバーンアウト

　施設を利用する高齢者の生活の質を支えるためにも，介護職や看護職にある人の心身の健康を維持することが大切です。
　障害とともに生きる高齢者や死期のせまったクライエントを前にどのように声をかけ，どのように振る舞ったらよいのかの決まったマニュアルはありません。むしろ個体の差の大きな老年期こそ，相手のニーズに合わせた柔軟性や介護を通して自己の成長に目を向けることが精神的健康に良いと言えます。施設や病院で，日々変化する人間関係や実存的な問題に対して，「こうあるべきだ，こうしなくてはならない」という姿勢は，「バーンアウト（燃え尽き症候群）」に結びつきます。バーンアウトは，もともとヒューマン・サービスに携わる人びとのストレス反応として追求されてきました。このバーンアウトには，「情緒的疲弊」「離人化」「自己成就」の3つの側面があるといわれています。つまり，バーンアウトの状態とは，日々の仕事のなかで情緒的に疲労してしまい，利用者がクライエントに人間的な感情を抱けなくなったり，自分の感情を無視するよう

になることを指します。一方，仕事に価値を見出し，人間的な感動や達成感を感じることはバーンアウトを防ぐ働きをします。たとえば特別養護老人ホームなどで働く介護者のバーンアウトを防ぐためには，仕事の魅力や仕事のコントロールを高めることが重要となります。そのためには，利用者の欲求や感情の存在を認めるような認知をもつことや，職場で能力を認められる機会や働く環境条件が整うことが必要になってきます（宇良，1998）。

ターミナルケア

ターミナルケアとは，一般に患者の終末期のケアを指します。医療の現場では，余命半年ほどの短い期間のケアを意味します。1966年，英国のセント・クリストファー病院にホスピスが創設されてから，わが国でも死の看取りを研究しようという「死の臨床研究会」が，1977年に発足しました。また，わが国では，施設を示すホスピスという用語よりも，緩和ケア病棟という用語が一般化しています。

WHOの定めるところでは，緩和ケアは，患者の有する痛みやその他の身体的な症状を緩和するためのニーズと精神心理的にサポートするニーズ，社会的な支援をするニーズ，霊的にケアするニーズがあります。一方，ホスピスケアでは，終末期にある人が残された生命を，人間らしく生きがいをもって生きて，尊厳ある死を迎えることのできるサポートを意味します。

わが国の現状では，緩和ケアとは，患者の痛みや苦しみの訴えや症状を，痛みのコントロールなどによって緩和することに重点がおかれています。

ターミナルケアの重要な課題としては，1）インフォームド・コンセント，2）ホスピス・プログラムの多様化（ターミナルケア教育の充実），3）グリーフケア・喪の仕事，4）カウンセリングの必要性，があげられます。まず，1）のインフォームド・コンセントについては，病状や予後の説明の相手として，日本では本人ではなく，家族が主体になっている現状があります。これは，医師に一任してしまう傾向のあるわが国では，最後の時を迎える本人が無自覚なまま病院で過ごすことになります。その一方で，最後のときをなじみのある環境，自宅で終わりを迎えたいという希望が圧倒的であるであるという調査結果を考えると，ここに矛盾があるのがわかります。そしてそれについては，2つの問題を考える必要があります。1つは，患者の自己決定や自己責任の問題です。実はターミナルケアのあり方には，文化社会的な要因が強く影響しています。たとえば，米国では，患者の自己決定，選択が強く迫られる，自分の死に方を自分で考えるという個人の責任や自立が確立しています。一方，わが国では先にもふれたように，多くが医師に全幅の信頼をよせるというものです。2つめは，患者と家族の受け止め方の違いがあげられます。死の看取りに際して患者を支えるはずの家族もやはり万能ではないということです。当人よりも家族が現実に耐えられず，精神的に先にまいってしまい，患者を支えられないという場合もあるので

Key word

ターミナルケア
ホスピスケア
インフォームド・コンセント
ターミナルケア教育
喪の仕事

コラム　喪のしごと

　米国精神医学会が作成した診断と統計マニアル（DSM-IV）によると，近親者との死別は「愛する人の死に対する反応」と定義され，精神障害ではないものの重いうつ症状やパニック症状示し，その特徴として「愛するものを失った後，症状が2か月以上継続するか，また顕著な機能不全や無価値への病的なとらわれ，自殺念慮，精神病性の症状や精神運動静止」があげられています。この死別反応の程度は，遺された者の年齢や性別，死亡した状況（不慮の死・予期せぬ死か，予期された死か），故人との関係によって異なりますが，配偶者を失った場合，高齢になるほど女性より男性の方のダメージが大きいことがいわれています。

　普通，愛する者との死別を体験した直後は，衝撃のための離人的感覚（無感覚や無感動）や情緒的に混乱しパニック状態になる急性の死別反応を示し，その後，悲哀，怒り，不安などの情緒を体験するといいます。このような死別体験にともない湧きあがる情緒を，遺族と周囲の人がそれぞれの形で自然なものとして受けとめ，表現されることで，喪の過程が進んでいきます。

　一方，喪の病理としては，1）時期おくれの喪：喪のしごとが死の否認などにより抑圧され，遅れて出現し，初めは身体症状や躁的防衛などで表現される，2）慢性化した喪：死別2か月から1年で回復するといわれる死別反応が慢性化して継続する，3）記念日反応：故人の命日や記念日が近づくと，悲哀や罪責の念が高まり，それが身体症状や夢などの形で現れてくる，があげられています。

　次のあげるエピソードは，ある高齢者女性が配偶者を亡くされた喪の経過に，先にあげた時期おくれの喪や記念日反応がみられたケースです（稲谷，2000）。

　「数年前の冬の日，非常勤の認知症のデイケアの外来に，夫の一周忌の法事をすませた81歳のFさんがやって来ました。家族が「法事の後から妄想的なこといって，嘔吐もした」ので心配して来診したというのです。F

す。

　2）のホスピス・プログラムの多様化については，在宅ホスピスケアを含む，ホスピス・プログラムの多様化とターミナルケアを実践する専門家の養成が望まれます。まず，ターミナルケアで誰が病院や臨床の場で終末期患者の心のケアを担っているかといえば，欧米では，メディカル・ソーシャルワーカーや心理療法士がその任にあたり，一方，日本では，看護師が中心になって専門的な支援をおこなっています。これらの専門家を養成するターミナルケア教育は重要であり，現在は国内でターミナル教育のための次のようなカリキュラムがとり入れられています。1）体験的理解をすすめるため，ビデオを視聴し，死の臨床における患者の表情や家族に接し，支援の必要性や患者や家族の思いを感じ取る。2）それをグループワークでディスカッションし，自分の生と死に対する考え方に気づいていく，3）ロールプレイングで患者，看護師，医師の立場になって模擬体験をする，4）ホスピスに見学に行く，などです。先のグリーフケアとは「死別後の残された人への悲嘆の問題とその悲哀の過程への援助」を意味するものですが，このケアもターミナルケアの課題として重要なものです（コラム参照）。

　さらに，これらの支援を続けるためにカウンセリングが必要になってきます。心のケアとは，死にゆくクライエントだけでなく，家族へのカウンセリングが大切であり，さらにケアに従事する医師や看護師，介護士なども，カウンセリングマインドを修得することが必要です。また，これらの専門職は"代理悲嘆者として"のスト

さんの話では、「夕方、庭のつつじの築山をみたら、庭仕事をしている大人がおり、仏間の横の一升瓶が3本ぐらいあるところに、子どもが2人黙って下を向いていたといいます。「長男の嫁に電話をし、『早よ、来てごらん』と呼ぶが、部屋をみると、子どもはいなくなっていました。その晩、長男が心配して寝床をとってくれましたが、翌朝はかねてより遅く起き、お茶を沸かし、昨日のご飯を温め、口に入れましたが、そのご飯を咽にひっかけ、吐き出してしまいました。そのあと、『変ね、変ね』といいながら、泣き出してしまった」のだそうです。Fさんの話しぶりは落ち着いており、抑うつテストや見当識も正常です。面接でFさんは亡くなった夫への強い愛着と、深い悲しみや寂しさをもらしました。夫の写真に話しかけることが、心の支えになっており、法事というイベントによって抑圧された感情が表面にでたと思われました。Fさんは「今年、さつきがきれいに咲いたのは、とうちゃんが咲かせてくれた」など、日常の事柄を夫に結びつけ、この精神的危機を乗り越えようとされていました。家族の方に、先日のことについては、妄想的とかたづけず、受容し、喪失感を共有してもらうことをお願いしました。「父が亡くなっても元気にしていたのに、1年経ってどうして……」というのが家族の気持ちでした。大切な人を失った大きな苦痛やどうしようもない寂しさを、感情のまま泣いたり、故人を思い出し、時に話しかけ、語りかけたりしながら、心の危機に向き合っていく。Fさんは少しも変ではない。その後、また一つの危機を乗り越えたFさんは、墓や仏壇の前で穏やかに大切な故人と心を通わしています」。

　Fさんのケースのように死別して時を経ても、なお悲哀から回復しない場合や突然情緒が揺れる場合があります。しかしながら喪の病理といえど、配偶者に先立たれた者の悲哀は深いため、喪の仕事が遅れたり継続することが、自然な経過のように感じられるのです。そこで大切なことは、遺された者を共感の気持ちをもって見守ることであり、相手が安心して死別した対象への思慕や怒り、不安などをあらわせるような関係や場をもつことであると考えます。

レスにさらされることも多く、このような専門職のバーンアウトを防ぐためにも、ときにカウンセリングを受けるなど、自分自身の心のケアや健康に配慮することが必要になってきます。

問　題
1　介護の社会化の背景について、考えてみましょう。
2　グループホームやユニットケアとは、なにを目指しているのでしょうか。
3　認知症高齢者の家族への支援として、どのようなことが考えられますか。
4　介護者のバーンアウトについて述べなさい。また、バーンアウトを防ぐためにはどのようなことが考えられますか。

文　献
笠原洋勇・小林　充・井上栄吉・藤本英生・須江成・野中和俊　1991　老年期神経症の疫学と発症要因　老年精神医学雑誌，第2巻第2号，153-157.

長嶋紀一　2001　痴呆性高齢者のグループホームケア　老年社会科学，第23巻第1号，9-15.

新名理恵　1991　在宅痴呆性老人の介護者負担感―研究の問題点と今後の展望―　老年精神医学雑誌，第2巻第6号，754-762.

小倉啓子　2002　特別養護老人ホーム新入居者の生活適応の研究　老年社会科学，第24巻第1号，61-69.

宇良千秋　1998　老人ケアスタッフの仕事の魅力に対する介護信念と仕事のコントロールの影響　老年社会科学，第20巻第2号，143-151.

15

世界の長寿国と福祉

Key word

WHO
健康寿命
高齢化社会
高齢社会
超高齢社会

WHOと健康寿命

　WHO（世界保健機関）の1999年度の世界191か国の平均寿命の報告によると，第1位は日本で，80.9歳，2位は，オーストラリアの79.5歳，同じく2位はスウェーデンで79.5歳となっています。また，これらの上位3国は，健康寿命（平均寿命から事故や重い疾病による寝たきりの期間を引いた期間）においても世界の上位にいることがわかっています。

　1970年，65歳以上の高齢者の人口が全人口の7％に達し，「高齢化社会」に到達したわが国は，1998年にはその比率が14％を突破し，国連でいうところの「高齢社会」になり，2025年には4人に1人が65歳以上の「超高齢社会」になることが予想されています。21世紀の日本は，まさしく，これからの豊かな福祉高齢社会をどのように構築していくかが重要な課題となっているのです。

　一方，福祉国家のモデルとしても有名であるスウェーデンは，すでに25年まえに14％台になり，現在の高齢化率が18％で，高齢化のピークである2010年頃には，その比率は21％から22％であると推測されます。これに対して，日本は現在2002年現在，18.5％で，そのピークは2025年頃の25.8％といわれています。いうなれば，日本はこれから始まる超高齢社会のスタートラインに立っているのです。このような意味から，スウェーデンは高齢社会の福祉の未来モデルとして，また介護ケアの先進国として多くの学ぶものがあるといえるでしょう。

　また，オーストラリアは，自然の雄大さ，生活水準の高さに魅せ

られてリタイアした人たちが第二の人生の場所として，世界から集まってきます。とくに，ゴールドコーストは，その気候の温暖さから定年した人びとの楽園ともよばれ，それまでの社会的役割から解放された人たちがサクセスフル・エイジングを目指して，老年期を積極的に愉しむ姿がみられます。

　この章では，これらのスウェーデンやオーストラリア，さらには，1995年に「世界長寿地域宣言」をした長寿県の沖縄をとりあげ，そこで生きる高齢者の姿や福祉について考えることにします。

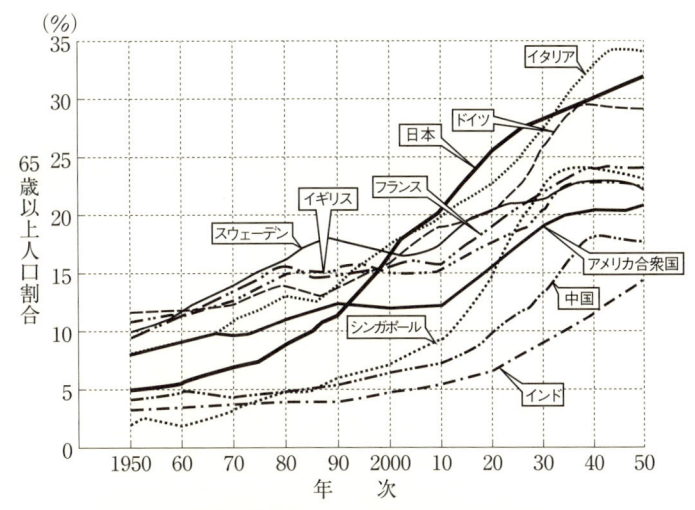

図15-1　主要国の65歳以上人口割合の推移：1950〜2050年
国際連合：World Population Prospects: 1994 による。
日本は，総務庁統計局『国勢調査』および国立社会保障・人口問題研究所『日本の将来推計人口』（1997年1月推計）による。

スウェーデン

　スウェーデンの人口は，約880万人，65歳以上の高齢者が約150万人で，65歳から年金受給資格があります。スウェーデンでは定年退職後は，再就職するということはほとんどなく，多くは年金で生活します。平均寿命は女子が80.8歳，男子が75.5歳です。

　スウェーデンの人口構造をみると，2000年まで65歳以上の人口の比率は減少気味ですが，その理由として，高齢者の絶対数が減少したのではなく，女性が子どもをもっても働ける状況が整ったことで，出産率が上がったためであると分析されています。その一方で，80歳以上の後期高齢者は，これからも増加すると予測されています。後期高齢者が増えることは，日本と同じく高齢者ケアがますます必要となり，社会にとっても厳しい状況が生まれることが予想されます。

　スウェーデンの福祉は，人生のすべての段階で必要と思われるサービスを要求すれば提供される福祉で，包括的な福祉社会をつくってきたということが，スウェーデンの福祉の特徴であると考えられます。福祉の対象は，子ども，女性，高齢者，障害者，在住外国人などさまざまな領域に至っています。また，スウェーデンはEUに加盟していますが，他のEU諸国と比べて，女性福祉，労働者の環境，在住外国人環境が整備されています（福祉文化学会，1994）。

　高齢者福祉については，1950年から1990年にかけて向上してきましたが，その一方で，社会的負担も増加してきました。年金システム，とくにATP（追加年金）改革での年金額の増加，後期高齢者の増加もあって，高齢者福祉の公的負担が急増したのです。

　経済面では，1989年頃，財政赤字や国債残高が増え，経済的に破綻状態を経験しています。海外からの借金をするなか，雇用状態も悪化し，失業率も13％前後になったこともあります。しかし，当時，中近東からの多くの難民を1万人単位で受け入れ，世界の各地で紛争が起こるたびにその後も財政が逼迫するなかでも，ボスニアやソ

マリアなどから多くの難民を受け入れています。スウェーデンにおいては、現在の人口のおよそ1割が移民であることを考えると、国際化の進んだ社会であることがわかります。現在においては、80年代までのような手厚い福祉政策はその転換を迫られ、1990年以降、それまで広くおこなわれていた移民のためのスウェーデン語教育、失業手当、住居手当などの福祉政策の縮小がおこなわれるようになりました。

このように、スウェーデンは、いい意味でも悪い意味でも、わたくしたちの未来社会のもつ問題点をかかえている国だといえます。しかし、それと同時に、国際化、高齢化、環境問題などそれぞれの国がこれからかかえる諸問題に1960年代から前進的に取り組んできた成熟した福祉国家でもあるのです。

スウェーデンは、1992年1月1日から、世紀の社会改革といわれるエーデル改革を実施しています。この改革とは、高齢者および障害者のための医療福祉の改革です。ちなみに「エーデル」とは改革を審議した政府の高齢化問題審議会の略です。このエーデル改革を一言でいえば、コストを節約しながら、高齢者ケアの質をより高めていこうというものです。つまり、エーデル改革では、人的・物的財源を効率的に活用してコストを抑え、保健医療と福祉を統合して、医療より福祉を中心とするより質の高い介護サービスを提供することがその目標となっているのです（生活福祉研究機構、1996）。

20世紀初め頃の高齢者福祉は、高齢者のための施設といっても養老院ぐらいしかなく、多くの高齢者が強制的に劣悪な施設に収容されていました。当時は、経済状態も悪く、スウェーデンからは多くの人びとが豊かな生活を求めて、アメリカなどに移民として流失していたのです。

1950年代以降、新しい老人ホームに一人部屋が設置されはじめ、高齢者の住宅を改善する試みが進められ、必要な人には住宅手当も支給されるようになりました。

1960年代になって、市（コミューン）のヘルプサービス部門ができ、ヘルパーが派遣されるようになり、掃除や料理といった内容のサービスが受けられるようになりました。70年代になってサービスの内容が拡張され足治療、緊急ベル、電話サービスなどが加えられました。また1960年から70年代にかけて、高齢者のためのケア付き住宅、つまり、サービスハウスが多く建てられました。住んでいる家にエレベーターがないなど、不便な住宅に住んでいた人たちがより水準の高いサービスハウスに移っていきました。これまでヘルプを受けていた人たちもサービスハウスに入ると、ヘルプを受けずに自立して生活できるようになったのです。サービスハウスも、その多くは、街の中心部に設置されているため、自分で所用を済ませることができ、さらには、地域医療センターも街のなかに設置され、福祉の理念に沿った都市計画も実施されるようになったのです。スウェーデンの高齢者施設は便利な場所にあって、自宅の安らぎの雰囲気をもったホームとなっています。この面ではスウェーデンは、

過去20年，30年の間にさまざまな改善を重ねてきました。不便な場所にある施設は解体し，他の用途に使い，街のなかの便利な場所に高齢者施設を移したのです。現在では，家族や友人が頻繁に訪れ，交流が維持できるようになっています。さらに，高齢者自身が街の郵便局や銀行に行くなど，手段的ADL，すなわち，手段的活動性の自立が容易になり，街を気軽に散歩し，買い物を楽しみ，図書館で読書し，公園でくつろぐ姿が多く見受けられるようになってきました。

1980年代になると，老人ホームを急激に解体してきたことが見直されるようになりました。つまり，サービスハウスや自宅に住む高齢者が年をとり重度の介護を要するようになって，古い老人ホームを改築したり，サービスハウスの一部を建て直したり，新築したりして，老人ホームやグループホームが増設されることになったのです（ビヤネール，1998）。

オーストラリア

欧米社会においては，子どもが一人の人間として成長すれば，子どもは独立して新しい家庭をもち，親は子どもと離れて別の生活を送るというのは，当然のこととして考えられています。アメリカやイギリスはもとより，オーストラリアにおいても，できるだけ早く第一線の仕事から退き，引退し，老後を心豊かに楽しく過ごすという考え方が一般的です。そんな意識のなかでこれらの国においても，人間の寿命が伸びる高齢化社会を迎えたのです。

オーストラリア，ゴールドコーストに退職した人たちが生き生きと楽しく生きているモデルがあります。リタイアメント・ヴィレッジといわれるものです。夫婦のどちらかが55歳以上であれば，入ることができます。もちろん，単身者も入居でき，退職者はもとより，退職していたい人でも，55歳になればその資格が生まれます。

このリタイアメント・ヴィレッジの特徴は，加齢にしたがって，三つのステージを通して同じ敷地内にある施設へと移っていくことができるようになっていることです（宮原ら，2001より）。

第一のステージは，「インディペンデント・リビング」といわれるものです。健康で独立して生活できる人たちは，インディペンデント・ヴィレッジといわれる家屋に入居し，普通の生活を営み，ヴィレッジ内のさまざまなサービスを受けることができます。陽光ひらめく敷地内には，ビリヤード，カードなどの室内遊び，室外のさまざまなアクティビティができるようになっています。室内には，緊急用のボタンが設置され，医療は，医者の常駐や近くの病院と連携し，病人が出れば，すぐに連絡できるようになっています。1週間に2日ぐらい，決まった時間にバスを運行し，ショッピングや病院，年金の受け取りに行けるようになっています。また，1週間に一度有料のバスを出し，近くの名所旧跡，街，公園などへのツアーをおこなっているところもあります。

「インディペンデント・リビング」の家屋は，入居のときに購入し，次のステージに移るとき，売却できるようになっています。しかも，

その暮らしは，年金程度の収入でまかなうことができるのです。

　長いインディペンデント生活を送ったあと，加齢とともに食事や掃除といった日常的な仕事が面倒になってくると，同じ敷地のなかにある，第二ステージの「サービス・アパートメント」へ移って管理がより徹底しておこなわれるようになっています。サービス・アパートメントでは，できるだけ自立した生活を送りながらも，食事や掃除といった生活のほとんどのサービスを受けることができるようになっています。

　第三のステージが，「ナーシング・ホーム」といわれる完全看護のサービスです。ここでは，医療から一日の生活のすべてにわたって，24時間のケアを受けることができます。サービス・アパートメントで自立した生活ができないようになった人たちは，同じ敷地に建てられたナーシング・ホームへと移っていきます。しかし，ナーシング・ホームへの入居は，州政府の許可が必要です。妻が疾病によってナーシング・ホームに入居し，夫が同じ敷地内のサービス・アパートメントに住む夫婦の間では，毎日夫が緑豊かな小路を通ってナーシング・ホームの妻のもとへ通う姿もみられます。

　リタイアメント・ヴィレッジのなかには，プール，スパバス，ボールズ・クラブ，クリケット場，さまざまな作品を製作できるショップ，作業場などがあります。屋内には，カードをする部屋，サロン，美容室，アートや手芸室，図書館，なかには社交ダンスのホールなどをもっているところもあります。

　リタイアメント・ヴィレッジの生活は，なんといっても，ヴィレッジの内外でのアクティビティです。毎週どこかで，ビンゴやボールズ，アートや手芸，クリケットなどがおこなわれています。日本でいえば，将棋や碁，盆栽やゲートボールといったことでしょうか。もちろん，プールやスパでのんびり過ごす人もみられます。週に一，二度は，ヴィレッジの住人のためのランチ・タイムやディナー・パーティが5ドル程度の有料で開催されます。毎日，夕方の5時からは，バーが開かれ，カウンターに腰をかけながら杯をかたむけ，友と語りながら過ごすこともできます。

　リタイアメント・ヴィレッジの愉しみの一つは，ほとんど毎日のようにおこなわれているヴィレッジの外への有料のバス・ツアーです。ヴィレッジの外の空気を吸い，自分の人生をエンジョイしていくわけです。バスといえば，ほとんど毎日，ヴィレッジによっては，決まった曜日に，病院やショッピングセンター，年金受け取りに役所まで，無料のバスを出しています。

　バス・ツアーは，「古いパブを訪れる」「熱帯雨林へのツアー」「農場へのツアー」「ビーチのそばで夕食のひとときを……」「議会棟見学」などがあります。なかには，「自分が年をとった顔や怒った顔を見て，あなたは自分が好きです……。もちろん，かわいいのが一番好きですよね……美しい音楽で，四重奏を楽しみましょう　4月9日水曜日」といった広告も掲示されています。

　リタイアメント・ヴィレッジでは，老年期を生きる人びとが心豊

かに愉しい生活を送っています。しかも，そこに暮らしている人は，決して潤沢に裕福に暮らしている人だけではありません。多くの人が年金とささやかなそれまでの蓄えで暮らしているのです。

このようにオーストラリアでは，その自然を生かし，退職した人びとに多くの愉しみを提供しています。世界から集まりそこを利用する人たちの姿からは，老年期を自分のものとして積極的に生きるという，サクセスフル・エイジングの可能性を感じさせられます。

長寿県・沖縄

沖縄県は，1995年8月，「世界長寿地域宣言」をおこないました。沖縄県の平均余命は，出生時および65歳以上ともに全国一であり，100歳以上の長寿者は1996年で282人で，復帰後25年以上にわたって連続日本一を維持しています。日本は，平均寿命が世界一に達していることから，沖縄は，まさしく，世界で最も長寿の地域といえます。沖縄県では，長寿の理由を探るべく国内外からの多くの研究や調査がおこなわれています。そのなかでも，長寿者の多い大宜味村は，よく研究の対象とされ疫学，保健医療，社会文化などの側面での調査がおこなわれ，注目されています。そして，それら生活実態の調査からは，病的老化の因子が少なく，免疫機能が保持されていることが明らかにされています。また，長寿の背景として，1) 適度な栄養，2) バランスのとれた食習慣，3) 家族・友人とのコミュニケーション，生きがいをもち安心して暮らすことができる環境，4) 温暖な気候風土，5) 人情味豊かな県民性，などが報告されています。

また，沖縄県の伝統や文化的特徴として，自然と共生し，異国文化を尊重し，社会的弱者とも共に助け合っていく「共生」の生き方があります。さらに，戦禍から生き抜いてきた人びとの教訓として「命どぅ宝（ぬちどぅたから）」という命を大切に育むという沖縄の心があるといいます。このような，国際性，相互扶助，自然と人との共生，平和というキイワードは，先の福祉の先進国であるスウェーデンの姿と非常に共通しています。

沖縄県では，1959年に社会福祉協議会が「としよりの日，としよりの福祉週間」を提唱されたことが契機となって，老人福祉運動がはじまりました。1961年には，那覇市内ではじめて老人クラブが結成され，1966年には全国に先駆けて9月15日が敬老の日とされました。1972年以降，老人福祉施設の整備や老人医療事業等が推進されてきました。県内53市町村のうち40市町村に55ヶ所の特別養護老人ホーム等が設置されてきました。また，沖縄は多くの離島を抱えているため，これらの地域に小規模（30人程度）の老人ホームやデイサービスセンターの機能のある高齢者生活福祉センターなどが設置されています。一方，在宅の高齢者へのサービスとしては，たとえば，「友愛訪問活動推進事業」が展開されています。これは地域のボランティアを訪問員として派遣して高齢者の孤独感の解消や安否の確認をおこない，地域社会における高齢者の自立を支援するもの

Key word

世界長寿地域宣言
共生

です。

　さらに，明るく活力に満ちた長寿社会の取り組みとして，60歳以上の高齢者を対象とした「かりゆし長寿大学校」の開催や健康維持のための「かりゆし県民フェスティバル」などの生涯学習の機会や社会参加活動を推進しています。とくに，長寿大学で学びたいという希望者が多く，毎年抽選で一喜一憂する高齢者の姿などニュースで報道されるほどです。また，社会活動参加状況では，自治会活動や趣味・サークル活動への参加は，前期高齢者が多いのですが，沖縄では老人クラブの参加は後期高齢者が多く参加していることが報告されています（崎原ら，2002）。

　福祉先進国のスウェーデン，レジャーや生涯学習の達人たちのオーストラリア，ゴールドコースト，そして世界の最も長寿を誇る

コラム　入りたい施設をつくりたい－日本の現状

　山岡喜美子氏（第一福祉大学介護福祉学科教授）は，現場で高齢者の介護の実践を20年以上もされ，介護の現状とそのニーズを模索し，利用者のための施設，そして介護者の地位と質の向上にむけて，積極的に厚生労働省などに働きかけてきました。その氏に日本の介護の現状について尋ねてみました。

Q：介護保険が導入されてから，なにか変化がありましたか？
A：介護保険が施行され，介護の社会化がはかられ，施設の入所希望の待機者が介護保険施行前の倍近くになり，どこの施設も入所するには5年から10年待たないと入れないような状況がおこっています。介護保険も問題はありますが，当然の権利として介護サービスを受ける人が増えたことは，良かったと思います。

Q：介護保険導入の前の家族介護の現状はどうでしたか？
A：介護保険が取り入れられる以前には，介護を家族だけでおこなうことが当たり前と考える人も多く，制度があっても福祉の世話にはなりたくないと考える人も多くみられました。しかし，家族介護には限界があり，先の見えない介護に不安がつのり，疲労から介護者が先に倒れたり，心中未遂や虐待が後をたたない現状をみて，心を痛めておりました。

Q：これから，どのような施設のあり方が望まれますか？
A：福祉施設の職員の研修会や講演に参りますが，残念ながら職員自身が施設入所を希望する人は非常に少ないようです。つまり，自分が入りたい施設ではないということです。何故かというと，現在の施設では高齢者が落ち着いて生活できる場所にはなっていないのです。毎日が忙しく，職員は施設内を慌しく行き来しています。そうした状況では，利用者は，職員になにかを頼みたくてもことばを飲み込んで我慢をしてしまうのです。職員は親切にはしてくれますが，利用者にとって親身ではないのです。「わたしの話を聞いて欲しい」「ちょっと水を飲まして欲しい」「トイレへ連れて行って欲しい」のに忙しくてかまってもらえないのです。施設は施設としての役割があり，とても大切なものと思います。しかし，利用者である高齢者が諦めることで成立するのはおかしいと思います。高齢者が生活の場として，居場所として暮らせる場所であることを強く望みます。そして，ユニットケアの施設やアットホームなグループホームのように自然に振る舞える場所であって欲しいと考えます。施設としての生活空間も大切ですが，利用者といかに関わるかが，もっとも大切なことと思います。「あなたの側で，あなたの為に私は居ます」という気持ちで関わりをもつことが，高齢者を安心させるコツだと思います。

沖縄の地域的な相互扶助の精神，これらの福祉，人としての生き方，そこには，わたくしたちのこれからの幸福の多様なあり方が示されています。現在の高齢者の福祉を考えることは，決してすでに老年期を生きている人びとの幸福を考えるだけの問題だけではありません。いずれ人生のこのステージに至る若い世代を含めたすべての人々の「生活の質」「生活の有り様」を問う問題でもあるのです。わたくしたちは，現在の福祉の有り様を学び，そこから，自分がこれからどのような世界で生きていくかを自問自答することが求められているのです。

問 題

1 福祉の先進国であるスウェーデンの福祉の特徴をあげましょう。
2 オーストラリアの退職した人たちの生活とは，どのようなものですか。
3 長寿県・沖縄の伝統や文化的特徴について述べなさい。
4 高齢者の福祉を考えることにより，そこにどのような意義が見出せるのでしょうか。ともに考えてみましょう。

文 献

ビヤネール多美子 1998 スウェーデン・超高齢社会への試み ミネルヴァ書房
福祉文化学会（編） 1994 スウェーデンから何を学ぶのか ドメス出版
宮原和子・宮原英種 2001 福祉心理学を愉しむ ナカニシヤ出版
世界長寿地域宣言（沖縄県の社会保障史） http://www.pre.okinawa.jp/syakai-hosho/VI.html
崎原盛造・芳賀 博 2002 健康長寿の条件：元気な沖縄高齢者たち ワールドプランニング
(社)生活福祉研究機構（編） 1996 スウェーデンにおける高齢者ケアの改革と実践 中央法規出版

国家試験問題正解

第 2 章（21ページ）
　【第11回】　正解　3
　【第10回】　正解　4

第 3 章（30ページ）
　【第14回】　正解　1
　【第12回】　正解　4

第 4 章（37ページ）
　【第10回】　正解　5
　【第13回】　正解　3

第 5 章（45ページ）
　【第14回】　正解　4
　【第11回】　正解　5
　【第12回】　正解　2

第 6 章（52ページ）
　【第12回】　正解　1
　【第13回】　正解　3
　【第14回】　正解　2

第 7 章（62ページ）
　【第12回】　正解　4

第12章（105ページ）
　【第14回】　正解　5
　【第12回】　正解　5
　【第10回】　正解　2

あ と が き

　長寿社会を迎え，わたくしたちのライフサイクルも戦後の半世紀で大きく変化しました。すでに高齢社会となったわが国では，福祉・医療の現場において，クライエントや利用者の"生活の質"を高める，こころのケアが求められています。
　本書『高齢者理解の臨床心理学』は，福祉・医療の領域において，心理学的知見や技術が今後さらに一人ひとりの"幸福の実現"に生かされるようにとの思いから書かれたものです。
　また，本書は，大学のテキストとして，さらに福祉職や高齢者臨床で心理職を目指す人たちの参考書として構成されています。各章ごとに，その章の学習の理解を深めるための課題とコラム，そして介護福祉士・社会福祉士の国家試験に対応すべく，「高齢者の心理」領域の過去の設問をいくつかの章に併せて掲載しています。
　本書の内容には，基礎となる老化や老年期の精神障害とストレス，そして心理臨床の重要な技術である心理査定，高齢者へのカウンセリング，心理療法などを取り上げています。また，現代に生きる高齢者の社会における役割や家族との絆が，どのように個人の心理的ウェルビーイングと関連するかについても言及しました。最終章には，新しい21世紀の福祉のビジョンとして，福祉国家の先進国であるスウェーデン，オーストラリア，長寿県沖縄の福祉とそこで生きる高齢者の姿を示しています。超高齢社会の老人像を考えるうえで参考になれば幸いです。
　高齢者についての臨床心理学的な研究や実践の蓄積はまだ始まったばかりです。そのようななか，出版社のご厚意によって本書が出版されることは著者として大きな喜びです。同時に，実際の高齢者福祉施設の現状を考えると，多くの課題に応えていないことに面映い気がします。本書の出版を機に改めて研鑽を積むことの必要性を認識する次第です。
　なお，本書の出版に際しては，ナカニシヤ出版社長中西健夫氏ほか社員の皆様に大変お世話になり，また編集長の宍倉由高氏には細やかな配慮と励ましをいただきました。ここに心より感謝申し上げます。

稲谷ふみ枝

索　引

人　名　索　引

ア行
アイゼンバーグ，A. R.　86
アルツハイマー，A.　40
飯田　眞　49
イサクソン，ウッラ　121
石黒眞須美　103
石崎淳一　103
稲谷ふみ枝　67, 77, 86, 88, 124
井上勝也　20, 21, 68
ウェクスラー，D.　25
上野郁子　115
ヴェロッフ，J.　73
ウォルク，R. L.　58
浦　光博　93
宇良千秋　123
エリクソン，E. H.　7, 10, 14, 27, 30, 35, 36, 67, 68, 85
大川一郎　27
大谷栄子　33
大塚俊男　41, 56
オールポート，G. W.　32, 67
岡堂哲雄　109
岡村清子　75
小倉啓子　119
小此木啓吾　109
小沢　勲　103

カ行
カーン，R.　64
笠原洋勇　60, 90, 120
加藤正明　99
河合千恵子　85
川室　優　99
北本福美　102
木戸又三　49
キブニック，H. Q.　67
金城育子　88
国吉政一　58
クレイク，F. I. M.　29
黒川由紀子　100, 110
ケリー，J. R.　74
コスタ，P. T.　34
コッホ，K.　58
小林敏子　49
権藤恭之　20

サ行
崎原盛蔵　132
シェシティン，M. R.　12
下仲順子　34, 36, 58, 103
シャイエ，K. W.　26, 27, 34
須貝佑一　103
杉井潤子　67
杉浦京子　102
杉山善朗　96
スミス，D. A.　73
清　俊夫　114
セリエ，H.　90

タ行
高山　緑　24
田口香代子　84
竹中星郎　34, 50, 51, 103
タックマン，J.　33
田畑　治　85, 86
ヅァンク，W. W. K.　59
土田宣明　20
寺田　晃　33

ナ行
中里克治　34, 36, 58, 74
長嶋紀一　120
新名理恵　121
西村　健　49
ニューガーテン，B. L.　7, 13, 37, 66
ニューマン，B. M.　11
ニューマン，P. R.　11
沼山　博　33
野村信威　100

ハ行
パールマター，M.　27
ハインク，S. G.　36
バトラー，R. N.　99
ハビィガースト，R. J.　10, 14, 73
ハミルトン，M.　60
林　智一　93, 100, 110
原　等子　33
バルテス，P. B.　7, 9, 10, 28, 30
ビアネール多美子　129
ヒューズ，C. P.　56
フェイル，N.　104, 114
フォルステン，M. F.　56

藤田利治　66
ベック，R. C.　10
ヘックハウゼン，J.　32
ヘリン，K.　33
星野和美　67, 68, 73

マ行

マーレィ，H. A.　58
前田大作　66
前原武子　67, 77, 86, 88
松田　修　61
松田千登勢　33
宮原和子　7, 13, 75, 129
宮原英種　7, 13, 75, 129
武藤　隆　52
村瀬嘉代子　115
室伏君士　34, 40, 42, 44
守屋國光　11

ヤ行

安川　緑　33
山岡喜美子　132
山田典子　75
山中康裕　103
ユング，C. G.　67
吉松和哉　52

ラ・ワ行

ラーソン，R.　66
ライカード，S.　37, 38
ラブービー・ビエフ，G.　27
リーゲル，K. F.　26
リフ，C. D.　36, 67, 68
ロウ，J.　64
ロージ，I.　33
ロートン，M. P.　66
ロールシャッハ，H.　57
ロジャース，C. R.　67, 109
ワード，R. A.　36

事 項 索 引

ア行

アルツハイマー型痴呆　40
　　──の中核症状　41
生きがい　68
居場所のなさ　110
インフォームド・コンセント　123
ウェクスラー成人知能検査改訂版　55
ADL（Activities of Daily Living；日常生活動作）
　評価　57, 60
エーデル改革　128
音楽療法　101

カ行

介護の社会化　118
介護負担　120
介護保険制度　118
回想法　99
改訂長谷川式簡易知能評価スケール　55
カウンセリング　109
仮性痴呆　49
家族
　　──の絆　122
　　──の機能　81
　　──の形態　81
　　──の喪失感　121
　　──への支援　122
価値観　72
仮面うつ病　49
感覚・運動機能　19
感覚記憶　28
患者役割期待　114
鑑別　56
記憶障害　41
記憶のしくみ　28
偽会話　43
危機状態　113
器質性精神障害　40
機能性精神障害　40
記銘　28
QOL（Quality of Life）　6, 65
共感　110
共生　131
Kinship　86
クライエント中心療法　109
グループセラピー　99
グループホーム　120
芸術療法　102
系列法　26, 27
結晶性知能　26, 27
限界感　121
健康寿命　126
言語的交流　99
幻視　51

幻聴　51
拘束　51
行動評価法　56
行動療法　109
高齢化社会　126
高齢社会　126
高齢者のイメージ　33
高齢者の自殺　48
コーピングスタイル　113
心のケア　118
個人的適応　65
コラージュ療法　102
コンパニオンシップ　83
コンボイ　94

サ行

罪業的　49
罪業妄想　49
サイコドラマ　103
サクセスフル・エイジング　64, 72
作話性妄想　43
GAT（高齢者統覚検査）　58
自我発達課題　10
自己的価値　73
支持的心理療法　98
死生観　104
社会的価値　73
社会的適応　65, 72
集団法　100
主観的幸福感　65, 69
熟年離婚　82
受容　110
　　──的交流　109
生涯学習　72
　　──の動機づけ　75
生涯発達課題　35
生涯発達的アプローチ　9
生涯発達のモデル　9
情緒的サポート　92
自立支援　119
人生の質　65
身体・生理機能　17
心的喪失　49
心理アセスメント　54
心理的ウェルビーイング　69
心理的適応　92
心理療法　98
スクリーニング　55
ストレス　90
　　──対処行動　96
　　──の個体差　91
　　──反応　90
ストレッサー　90

生活の質　6, 65
生殖性　85
精神分析療法　109
性的関係　83
世界長寿地域宣言　131
世界保健機関（WHO）　6, 126
世代間交流　88
宣言的記憶　29
せん妄　50
想起（再生）　28
相互参加モデル　114
喪失　48
ソーシャルサポート　91, 92
祖父母的生殖性　85

タ行

ターミナルケア　123
退行　42
対処行動（コーピング）　91
短期記憶　28
チームケア　104
知恵　27
知的機能の衰退　41
知的能力　24
知能　25
長期記憶　28
超高齢社会　126
TAT（絵画統覚検査）　58
定年　72, 73
適応　26
投影法　57
道具的サポート　92
動作法　103
特別養護老人ホーム　119
トランスアクショナル・モデル　91

ナ行

内発的動機づけ　75
認知症　40, 50
　──スクリーニング　55
　──スクリーニングテスト　55
認知障害　56
脳血管性痴呆　40

ハ行

パーソナリティ　32
　──テスト　57
パーソナル・コントロール　91

バーンアウト　122
徘徊　42
配偶者との死別　84, 91
バウムテスト　58
バリデーション　104
伴侶性　82
悲哀　121
非言語的交流　99
非宣言的記憶　29
不安焦燥状態　42
保持　28
ポジティブな心理機能　67
ホスピス・プログラム　123
ホスピスケア　123

マ行

孫の存在　85
喪の仕事　84, 123, 124

ヤ行

夜間せん妄　42
役割期待　73
役割変化　114
U3A　76
ユニットケア　120
余暇活動　72, 74
抑うつ感情　48
抑うつ尺度　60

ラ行

ライフ・クライシス　112
ライフ・レビュー　100
ライフサイクル　8
リアリティ・オリエンテーション　103
流動性知能　26, 27
レミニッセンス（回想）　100
老化　16
老人性うつ病　40
老人大学　76
老人保健施設　119
老年観　104
老年期
　──うつ病　48
　──神経症　52
　──の発達課題　10
　──の夫婦関係　82
老老介護　118

著者略歴

監修者
宮原英種（みやはら　ひでかず）
　元第一福祉大学教授，福岡教育大学名誉教授
　専攻　教育心理学・発達心理学

　主な著書・訳書
　　心理言語学入門　（共訳）　1975　新曜社
　　乳幼児教育の新しい役割　（共訳）　1978　新曜社
　　文法の獲得　（監訳）　1981　大修館書店
　　教室で生きる教育心理学　（監訳）　1983　新曜社
　　応答的保育入門　（共編著）　1987　蒼丘書林
　　ことばの発達ガイド・ブック　（共編著）　1991　蒼丘書林
　　保育所保育指針と応答的保育　（共著）　1991　蒼丘書林
　　乳幼児教育への招待　（共訳）　1992　ミネルヴァ書房
　　愛情だけでは子どもは育たない―ハント博士の知的乳幼児教育―　（共著）　1992　くもん出版
　　子どもと環境　（共著）　1994　蒼丘書林
　　心理学を愉しむ　（共著）　1995　ナカニシヤ出版
　　ゴールドコーストの休日　第三齢代のオーストラリア"黄金海岸"体験　1996　蒼丘書林
　　教育心理学を愉しむ　（共著）　1996　ナカニシヤ出版
　　乳幼児心理学を愉しむ　（共著）　1996　ナカニシヤ出版
　　発達心理学を愉しむ　（共著）　1996　ナカニシヤ出版
　　保育を愉しむ　（共著）　1997　ナカニシヤ出版
　　応答的保育を愉しむ　（共著）　1997　ナカニシヤ出版
　　高齢社会を愉しむ　（共著）　1997　ナカニシヤ出版
　　乳児保育　（共著）　1998　蒼丘書林
　　知性はどのようにして誕生するか　（共著）　1998　ナカニシヤ出版
　　ちょうどの学習・ちょうどの育児　（共著）　1998　くもん出版
　　定年を愉しむ―夢大陸・ホープ・アイランド・リゾートで暮らす　（共著）　1999　蒼丘書林
　　赤ちゃんはこんなに賢い　（共著）　2000　ブレーン出版
　　観光心理学を愉しむ　（共著）　2000　ナカニシヤ出版
　　福祉心理学を愉しむ　（共著）　2001　ナカニシヤ出版
　　応答的保育の研究　（共著）　2002　ナカニシヤ出版
　　心理学実験を愉しむ　（共監修）　2003　ナカニシヤ出版

著者
稲谷ふみ枝（いなたに　ふみえ）
　久留米大学文学部教授，臨床心理士
　専攻　臨床心理学・生涯発達心理学
　スウェーデン国立リンシェピング大学留学後，琉球大学大学院在学中に高齢者の心理的 well-being，
　　孫・祖父母研究，地域の高齢者を対象としたフィールドワークをおこなう。
　現在　鹿児島県臨床心理士会・高齢者支援担当，鹿児島大学大学院非常勤講師
　高齢者福祉施設でバリデーションセラピィを中心に臨床活動をおこなう。

　主な著書
　　生涯発達―人間のしなやかさ―　1996　前原武子編，ナカニシヤ出版　（分担執筆）
　　続柄の違う祖父母と孫との関係　2000　教育心理学研究，第48巻2号，120-127.（共著）
　　鹿児島県の福祉施設における知的障害者の高齢化の実態と対応の意識調査　2002　志學館大学文学
　　　部研究紀要，第24巻1号，13-27. 等
　　現代のエスプリ　医療行動科学の発展，2003　津田　彰・坂野雄二編，「チームアプローチとしての
　　　心理臨床活動―福祉現場との連携」至文堂　（分担執筆）
　　福祉心理臨床学―「高齢者の福祉と心理臨床」　2004　十島雍蔵編，ナカニシヤ出版　（共著）

高齢者理解の臨床心理学

| 2003年 3 月20日 | 初版第 1 刷発行 | 定価はカヴァーに |
| 2014年 8 月28日 | 初版第 7 刷発行 | 表示してあります |

```
          監修者   宮原　英種
          著　者   稲谷ふみ枝
          発行者   中西　健夫
          発行所   株式会社ナカニシヤ出版
        〒606-8161 京都市左京区一乗寺木ノ本町15番地
          Telephone 075-723-0111
          Facsimile 075-723-0095
          郵便振替   01030-0-13128
          URL      http://www.nakanishiya.co.jp/
          Email    iihon-ippai@nakanishiya.co.jp
```

装丁・白沢 正／印刷・㈱吉川印刷工業所／製本・藤沢製本

Copyright © 2003 by H. Miyahara & F. Inatani

Printed in Japan

ISBN978-4-88848-720-7　C3011

◎本書のコピー，スキャン，デジタル化等の無断複製は著作権法上での例外を除き禁じられています。本書を代行業者等の第三者に依頼してスキャンやデジタル化することは，たとえ個人や家庭内での利用であっても著作権法上認められておりません。